Alexander B. Voegele

Das Elend der Ökonomie

Von einer Wissenschaft, die keine ist

Rotpunktverlag

www.rotpunktverlag.ch

Umschlagbild: Entstanden 2001 in einem Malkurs von Brigitte Gadnik-Jiskra zum Thema »EURO-Abstrakt« an der VHS-Hietzing, www.vhs-hietzing.at
Umschlag und Satz: Patrizia Grab
Druck und Bindung: fgb · freiburger graphische betriebe · www.fgb.de

ISBN 978-3-85869-357-0
1. Auflage 2007

*»Um etwas Neues zu machen,
muss man das Alte gut kennen.«*

Ernst von Gombrich

»Vorstellungskraft ohne Wissen führt nicht weiter als bis auf den Hinterhof primitiver Kunst, zum Kindergekritzel am Zaun, zur Botschaft des Spinners auf dem Marktplatz. Kunst ist niemals einfach.«

Vladimir Nabokov

Inhalt

Vorwort – Weshalb dieses Buch?

Der Widerwille gegen den Neoliberalismus wächst. Er »ist nicht nur bei unmittelbar Betroffenen und in der breiten Öffentlichkeit, sondern auch auf dem politischen Parkett zu einer Zielscheibe des Unbehagens geworden. Von Unbehagen ob den Entwicklungen, die in den 1990er-Jahren in Wirtschaft und Gesellschaft Platz gegriffen haben.«[1]

Das wirft ein grelles Licht auf die Frage: Wie sieht denn die von der Ökonomie gelieferte Begründung für den Neoliberalismus aus? Liefert die herrschende Ökonomie als Wissenschaft gesicherte Erkenntnisse für eine neoliberale Wirtschaftspolitik? Erkenntnisse wie etwa in der Physik, die eine Mondlandung sowie eine Rückkehr zur Erde auch tatsächlich ermöglichen. Oder ist diese Ökonomie nichts als eine Chimäre? Darauf gibt dieses Buch eine eindeutige Antwort.

Es wendet sich an die interessierten Fachlaien, die den offensichtlichen Ungereimtheiten offizieller Wirtschaftspolitik sowie ihren akademischen Vertretern misstrauen. Es wendet sich an interessierte Arbeitnehmer und deren Vertreter, die immer noch in untertäniger Ehrfurcht vor der dominierenden akademischen Zunft verharren. Es richtet sich an Interessierte anderer Wissensgebiete, die mit wachsendem Unverständnis den beschränkten Phrasenschatz des Neoliberalismus vernehmen. Und das Buch ist nicht zuletzt für diejenigen, denen das Studium der Ökonomie angesichts der mathematischen Hürden ein Gräuel geworden ist. Schließlich ist jede ökonomische Problemstellung auch ohne Mathematik verständlich formulierbar.

Schauen wir uns das Fach Ökonomie also näher an.

Alexander B. Voegele
Sommer 2007

1. Was hat das Fach Ökonomie zu bieten?

Die Botschaft ist deutlich: Die Marktwirtschaft ist und bleibt die beste aller Welten. Der Neoliberalismus ist der Fahrplan. Investitionsschwäche, Verkrustungen am Arbeitsmarkt, Versagen des sozialen Sicherungssystems und Umweltprobleme können der Marktwirtschaft nicht angelastet werden. Ihre Funktionsweise und ihre Leistungsfähigkeit stehen außerhalb jeden Zweifels. Zu lange war der Sozialismus die dominante Idee gewesen. Nun ist es der Neoliberalismus. »Es gibt einfach keinen Weg, den Kapitalismus aufzuhalten!«, heißt es. Die Chance ist zu nutzen. Bei Nichtbeachtung droht uns der Untergang. Jeder Widerstand ist zwecklos. Ungläubige Renitenz ist der Anfang vom Ende einer zivilisierten Gesellschaft.

Ergriffen lauschen wir dieser Predigt. Sie preist mit Inbrunst und Triumph die Tugenden der liberalen Marktwirtschaft. »Umfassende Deregulierung der Wirtschafts- und Sozialordnung zugunsten von Wettbewerb und Individualisierung, Privatisierung und Liberalisierung öffentlicher Unternehmen und Leistungen, Steuersenkungen und Reduzierung der Sozialausgaben, marktorientierte Lohnpolitik sowie eine restriktive Geldpolitik«[2] sind unentbehrliche Voraussetzungen für unser marktwirtschaftlich begründetes

Glück. Der freie Fluss von Informationen, Ideen, Kapital und Arbeit ist die Voraussetzung für optimale Marktresultate. Die Freiheit der Konsumwahl ist die Vollendung des menschlichen Individuums. Der vergnügungsorientierte Konsument ist das ultimative Endziel der Industrie.

Aber immer wieder lockt die Sünde. Seit Menschengedenken nagen zu hohe Löhne an unserem Wohlstand. Ausufernde Sozialleistungen machen alles Erworbene zunichte. Marktsignale werden nicht verstanden. Überall reguliert der Staat und erstickt den unternehmerischen Elan. Es fehlt ein klarer Konsolidierungskurs, das Vertrauen in solide öffentliche Finanzen ist zerstört, die anhaltend nachhaltige Wachstumsschwäche ist falschem wirtschaftspolitischem Handeln zu verdanken. »Hinter dem hohen Staatsanteil stehen zu hohe Steuern, die den Bürgern zuviel von dem abnehmen, was sie erwirtschaften. Hinter diesem hohen Staatsanteil stehen Ineffizienzen staatlichen Wirtschaftens und bürokratischer Verwaltung. Hinter diesem hohen Staatsanteil stehen die falsch konstruierten Sozialsysteme: beitragshungrig, ausbeutbar, zielverfehlend und in erschreckender Weise für den Bürger unberechenbar werdend.«[3]

Diese verkündeten Einsichten und Botschaften berufen sich auf die Wissenschaft: die Volkswirtschaftslehre oder Ökonomie. Ihre Hauptbotschaft ist: Der Sozialismus hat ausgedient. Wettbewerb und Freihandel sind die Leitlinien für die Wirtschaft. Was also übrigbleibt, ist die Angebotsseite der Wirtschaft, sind die Interessen der Unternehmen. Dies ist vor 200 Jahren so gewesen, daran hat sich bis heute nichts geändert. Schließlich ist der Kapitalismus eine Erweiterung der grundlegenden menschlichen Natur. Alle anderen ökonomischen Systeme sind nun verschwunden, und nur der Kapitalismus hat überlebt. Das ist Tatsache und macht Mut.

Wirtschaftliche Fehlentwicklungen können somit nicht dem System Marktwirtschaft angelastet werden. Es sind die menschlichen Unzulänglichkeiten, die verantwortlich zu machen sind. In der Mitte steht der uneinsichtige und halsstarrige Akteur: der Mensch. Diese menschlichen Unzulänglichkeiten und groben Verletzungen ökonomischer Vernunft sind verantwortlich für die wirtschaftliche Fehlentwicklungen. Es sind Politik- oder Managementfehler, dic das System Marktwirtschaft nicht effizient sein oder werden lassen. Falsches Verhalten von hochbezahlten Managern, denen das Unternehmen sowieso nicht gehöre und sträflich, ja leichtfertig den Shareholder-Value missachten. Shareholder-Value heißt wörtlich »Aktionärswert«. Das dahinterstehende Konzept konzentriert die vielen Facetten des Unternehmenserfolgs aus Sicht von Investoren wie Managern auf eine einzige Messgröße: die Aktienrendite. Nur diese Kennzahl, so behaupten die Propagandisten des Shareholder-Value, spiegle den Wertzuwachs eines Unternehmens und führe dem Anleger den Unterschied zwischen rentablen und unrentablen Geschäften deutlich vor Augen.

Nieten in Nadelstreifen, Politiker ohne Verantwortungsbewusstsein, eine Gesellschaft im Freizeit- oder Rentnerpark, sie alle missachten die Spielregeln der Marktwirtschaft. Aber was sind diese Spielregeln? Wie werden sie in der Ökonomie formuliert und kommuniziert? Sind diese Spielregeln bekannt, sind sie nachvollziehbar und vor allem, sind sie gültig und bewiesen?

Die Lehrbücher des Fachs scheinen die wissenschaftliche Wahrheit zu kennen. Die Wirtschaftspresse bereitet sie mundgerecht und populär auf. Und tatsächlich, die Diskussion um die Stabilisierung der Konjunktur, um die Verbesserung der Wachstumsbedingungen oder die Reduzierung der Arbeitslosigkeit zeigt, dass immer und immer wieder auf ein gängiges Erklärungsmuster zurückgegriffen wird. Es ist als Angelpunkt der Ökonomie die Neoklassik.

Die Neoklassik ist die wissenschaftliche Begründung neoliberaler Politik. Die Neoklassik fungiert für den Neoliberalismus als der theoretische Beweis für die Überlegenheit der Marktwirtschaft. Sie wird an 90 Prozent der Universitäten in 90 Prozent der Lehrveranstaltungen gelehrt. Sie kann also mit Fug und Recht die herrschende ökonomische Theorie genannt werden.

Die Neoklassik steht für den festen und unverrückbaren Glauben an die Fähigkeit der sich selbst regulierenden Märkte ohne staatliche Intervention.

Können wir uns also beruhigt zurücklehnen? Sind die Antworten gefunden? Gibt es also einen allseits akzeptierten Endzustand der Wirtschaft, den wir gerade als mündige Bürger nur anzustreben brauchen? Haben wir zuverlässige Regieanweisungen, denen wir zur Erreichung eines ohnehin schon vorbestimmten Ziels nur artig zu folgen haben?

Ein Blick auf die historische Entwicklung der Neoklassik kann uns erste Antworten geben.

Auf der Suche nach der Wirtschaftswissenschaft

Kein wissenschaftliches Fach wird seit seiner Entstehung so skeptisch und zweifelnd von der Praxis gemustert wie die Volkswirtschaftslehre. Bereits in den 1920er-Jahren gab es angesichts der Inflation und der Massenarmut eine wachsende Anzahl von akademischen Beiträgen zur »Krise der Volkswirtschaftslehre«. Auch der heute unermüdlich bemühte Zeuge für das schöpferische Unternehmertum, Alois Schumpeter (1883–1950), hatte sie in seinen Werken verstreut konstatiert. Sein Urteil findet sich bis in die heutige Zeit bestätigt. Regelmäßig wird mit dem Fach gehadert. Willkürlich herausgegriffene Schlagzeilen der Fachpresse der letzten 40 Jahre belegen das.

So erscheint 1967 ein Buch von Werner Hofmann unter dem Titel *Das Elend der Nationalökonomie.* Die Volkswirtschaftslehre ist zu einer Rechtfertigungslehre des Bestehenden verkommen. Für die Überwindung dringender Probleme wie der Verringerung der Arbeitslosigkeit hat sie keine gültigen Rezepte. Ihre analytische Fähigkeit, wissenschaftlich begründete Handlungsvorschläge für die Wirtschaftspolitik zu liefern, ist nicht erkennbar.

1967 ist das Jahr der ersten großen Nachkriegsrezession in der Bundesrepublik Deutschland. Für das Fach kam die Krise allerdings absolut – überraschend. In den folgenden Jahren verlor das uneingeschränkt herrschende Standardwerk *Volkswirtschaftslehre* von Paul A. Samuelson seine Vormachtstellung. Ganze Generationen von Wirtschaftswissenschaftlern waren damit großgeworden. Mitte der 1990er-Jahre seufzte die *Frankfurter Allgemeine Zeitung:* »Ein neuer Samuelson ist nicht in Sicht.«[4] Für eine Wissenschaft ist es eine trostlose und desolate Situation, ohne ein allgemein anerkanntes Standardwerk auskommen zu müssen. Noch 1970 erhielt Samuelson den Nobelpreis für Wirtschaftswissenschaften wegen seiner Verdienste um die »wissenschaftliche Arbeit, mit der er sowohl die statische als auch die dynamische Theorie weiterentwickelt und damit aktiv zur Weiterentwicklung der Wirtschaftswissenschaften beigetragen hat.«[5]

Aber nur ein Jahr später wird die zweite Krise der Wirtschaftswissenschaften beklagt: Joan Robinson vom damaligen Zentrum wirtschaftswissenschaftlicher Forschung und Lehre in Cambridge

(England) verkündet »The Second Crisis of Economic Theory« im gleichnamigen Artikel in der *American Economic Review.* Der Neuaufguss der Neoklassik unter dem Namen Monetarismus hatte nichts Neues zu bieten.

Die wirtschaftliche Entwicklung birgt noch mehr Schmach für die Lehrbücher. Die Auswirkungen der Erdölverknappung während der zweiten bundesrepublikanischen Nachkriegsrezession im Jahr 1974 bringen die akademischen Lehrbuch-Weisheiten ins Schwitzen. Ungerührt notiert denn auch das *Handelsblatt* 1974: »Die Lehrbuchökonomie ist ratlos. Für den Herbst ist Schlimmeres zu befürchten.«[6]

Ein Nachruf folgt auf den Fuß. Der damalige Bundeskanzler Helmut Schmidt stellt ernüchtert fest: »Wir erleben, dass Theorien der modernen Volkswirtschaft, die jahrzehntelang als unumstößliche Glaubenssätze gegolten haben, unversehens ihre Verbindlichkeit verlieren.«[7]

Die Ratlosigkeit scheint ein Fiasko der ganzen Lehre heraufzubeschwören. Alte Lehrbuchweisheiten wie »Der Staat wird's schon richten« werden obsolet. Der kluge Kopf hinter der bekannten Zeitung beginnt nun auch zu zweifeln: »Suche nach der Nationalökonomie« lautet im November 1977 launig ein Leitartikel in der *Frankfurter Allgemeinen Zeitung.* Wenig Ersprießliches haben die Lehrbücher angesichts steigender Arbeitslosigkeit und steigender Inflation zu bieten.

Anlässlich der Tagung des renommierten Vereins für Socialpolitik im Jahre 1979 wird dann sarkastisch festgestellt, dass angesichts unerwarteter Mangelerscheinungen und Einschränkungen die Wirtschaftswissenschaften als die ausgewiesene Wissenschaft der Knappheit kläglich versage.[8]

1982 kommt man literarisch daher: »Ist die Aussicht auch trübe – der Ökonomen Sprache bleibt blumig.«[9] Zeitgleich wird mit markigen marktwirtschaftlichen Worten, Pamphleten und Papieren die Wirtschaftspolitik des Versagens beschuldigt. Die sozialliberale Regierung in Deutschland kommt darüber zu Fall. Worauf diese Kritik sich jedoch wirtschaftswissenschaftlich stützte, bleibt bis heute ein Rätsel.

Wie auch immer, das Institut für Wirtschaft in Köln erhält mit einem Wissenschaftler vom Institut für Weltwirtschaft in Kiel nach der Überzeugung der *Frankfurter Allgemeinen Zeitung* »einen Wirtschaftswissenschaftler, der die Aufgabe hat, die Vorstellungen unternehmerischer Wirtschaft auf wissenschaftlicher Grundlage gegenüber der Öffentlichkeit zu vertreten.«[10]

Nur kurze Zeit später, 1983, wird – diesmal in der *Wirtschaftswoche* – mit dem Fach rücksichtslos ins Gericht gegangen: »Ohnmacht der Ökonomen« heißt die Titelstory einer Ausgabe. Sinnlose Mathematisierung und Verlust jeglichen Realitätsgehaltes wird den Ökonomen massiv zum Vorwurf gemacht.

Mit »Auf der Suche nach neuen nationalökonomischen Wegen« betitelt nur wenig später derselbe kluge Kopf einen Artikel in der *Frankfurter Allgemeinen Zeitung*. Der Arbeitsmarkt wird der Urheberschaft jeglicher wirtschaftlicher Verkrustung beschuldigt, regulierte Arbeitsmärkte und uneinsichtige, an Tarifverträgen sich festklammernde Gewerkschaften werden als die Sündenböcke der Nation identifiziert. Es scheint, als habe die Wirtschaftstheorie endlich die Hauptschuldigen identifiziert.

Beeindruckend pragmatisch ging zu Beginn der 1990er-Jahre der Sachverständigenrat zur Begutachtung der gesamtwirtschaftlichen Entwicklung (SVR) vor. Zum Vorsitzenden des sogenannten

Rats der fünf Weisen, der gemäß Auftrag die gesamtwirtschaftliche Entwicklung beobachtet und die Bundesregierung unabhängig berät, wird ein Betriebswirt gekürt. Das entspricht der Funktion eines Veterinärmediziners für Einhufer und Kleintiere als Geschäftsführer des Vereins für Geriatrie.

Entmutigt und gereizt wird seit Mitte der 1990er-Jahre der Vorschlag gemacht, den von der Schwedischen Reichsbank seit 1969 vergebenen Nobelpreis für die Wirtschaftswissenschaften gänzlich abzuschaffen. Zu wenig Reputation ist damit erlangt worden. Der praktische Nutzen der wissenschaftlichen Erkenntnisse ist mit Null zu veranschlagen.

Heute ist es sehr amüsant zu beobachten, wie das Fach innerlich so zerrissen daher kommt. Die Ökonomen beklagen sich über ihr Ansehen: »Die Politik nimmt die Volkswirtschaftslehre immer weniger ernst.«[11] Und zuweilen wird selbstkritisch angemerkt, die mangelnde Akzeptanz volkswirtschaftlicher Ratschläge könnte wohl doch mit der unzureichenden Qualität der deutschen Volkswirtschaftslehre zusammenhängen.[12]

Im Jahre 2000 rebellieren Studenten einer Eliteuniversität in Paris gegen die »Postautistische Ökonomie«, also gegen die Mainstream-Ökonomie, die autistisch im Sinne von selbstbezogen und kommunikationsarm gegenüber der Außenwelt agiert. Sie protestieren gegen diese Scheuklappen, gegen mathematische Zahlenspiele und Elfenbeinturmfragen, gegen Modelle ohne empirische Überprüfung und gegen eine dogmatische Lehre an den Hochschulen ohne Infragestellen der Begründungszusammenhänge.[13] Die deutschen Gewerkschaften halten die Ökonomie gar für eine »junge, ungefestigte und von Strömungen abhängige Wissenschaft«, also für eine Art haltlose Rotznase unter den Wissenschaften, die dringend mehr Anstand und Pluralität benötige.[14] Politiker schelten die Zunft: »Kein Politiker liest die Ratschläge von Ökonomen.«[15] Und im internationalen Maßstab sind die deutschen Ökonomen die mit den Zähnen knirschenden Verlierer der Globalisierung: »Deutsche Ökonomen kaum konkurrenzfähig.«[16] In diesem wissenschaftlichen Drunter und Drüber folgt eine Unzahl von wissenschaftlichen Lehrbüchern dem lauthals bekannt gemachten und einstimmigen Schlachtruf von Wirtschaft und Politik nach Globalisierung und Deregulierung der Wirtschaft. Die jeweiligen Platzfürsten in den universitären und außeruniversitären Duodezfürstentümern sind ihre Verfasser. Eine wissenschaftliche Kleinststaaterei im Zeitalter der weltwirtschaftlichen Globalisierung.

Wechselnde Namen – wechselnde Interessen?

Doch nicht nur der Zustand der wissenschaftlichen Fachdisziplin irritiert den aufmerksamen Beobachter. Wechselnder Name und Selbstverständnis der Ökonomie geben gleichfalls Anlass zur Irritation.

Die heutige Volkswirtschaftslehre hatte bereits viele Namen. Vor 200 Jahren hieß sie noch Politische Ökonomie. Ihr Hauptaugenmerk lag schwerpunktmäßig auf der Analyse und Untersuchung jener Gesetze und Regeln, nach denen das jährlich in Arbeitsteilung erwirtschaftete Bruttoinlandsprodukt (BIP) verteilt werden sollte. (Das BIP oder Sozialprodukt dient als Basisgröße für das Wirtschaftswachstum und entspricht dem Wert aller Güter und Dienstleistungen, die in einem Jahr von inländischen Unternehmen, Haushalten und vom Staat erwirtschaftet werden.) In Frage kamen die Kapitaleigentümer, die Eigentümer von Grund und Boden und die abhängig Beschäftigten. Da jede Klasse (so nannte man das damals) ihren Anteil am Bruttoinlandsprodukt geleistet hatte, ging es darum, in welcher Höhe jede Klasse einen Anteil erhalten sollte.

Das war eine wirtschaftlich und letztlich politisch brisante Frage. Denn – so wurde beispielsweise von Vertretern des entstehenden Industriebürgertums argumentiert – die Klasse der Grundeigentümer würde ihren Anteil, ihr Einkommen ohne wirtschaftliche Aktivität, ohne aktive Leistung einheimsen. Diese Klasse habe nichts gearbeitet oder geleistet, sie kassiere nur, weil sie Eigentum an Grund und Boden habe. Man sprach daher auch von der untätigen Klasse. Letztlich sei sie parasitär und verringere den Anteil der aktiv Tätigen.

Damit wurden Fragen aufgeworfen, die sich mit der wirtschaftlichen und sozialen Berechtigung eines Einkommens beschäftigten, das nur wegen Privateigentum an Grund und Boden oder Kapital erzielt wurde. Diese Diskussion wurde in den folgenden Jahrzehnten unermüdlich in unzähligen Neuauflagen geführt. Das »raffende Kapital« und der »Zins als Wucher« waren und sind dabei die Spitzen erregter Debatten und fataler gesellschaftlicher Vorstellungen.

Eine Wissenschaft mit dem Namen Politische Ökonomie stand demnach für tiefsitzende Interessenkonflikte. Die Frage nach der adäquaten Verteilung des gemeinsam in Arbeitsteilung erstellten Bruttoinlandsproduktes wurde jedoch weder von Adam Smith noch von David Ricardo gelöst. Karl Marx postulierte wenig später mit seiner Kritik der Politischen Ökonomie, die Lösung für dieses Problem gefunden zu haben – aber das ist ein anderes Problem. Die ökonomische Analyse von Karl Marx zu lesen ist ein intellektuelles Vergnügen, die Befunde zur sinnvollen Nutzung natürlicher und produzierter Ressourcen sind beeindruckend. Im 20. Jahrhundert sind sie allerdings durch die Brille des 19. Jahrhunderts rezipiert und damit fahrlässig zopfig aufgenommen worden. Das betrifft große Teile der Interpretation durch die damalige DDR- und UdSSR-Wissenschaft. In Sachen »Kritik der Ökonomie« hat sich die akademische Zunft der alten BRD en gros von der neoklassischen Ökonomie foppen lassen.

Die Antworten der Politischen Ökonomie reagierten also auf potenzielle Konflikte in der Wirtschaftsgesellschaft. Solche Konflikte kamen jedoch in dieser Zeit der rasanten wirtschaftlichen Aufholjagd der damaligen Deutschen Zollunion, der Vorgängerin des Deutschen Reiches von 1871, nicht gelegen. Forderungen nach einer adäquaten oder gar gerechten Verteilung des Bruttoinlandsproduktes seien nicht im nationalen Interesse, verlautete es. Deutschland müsse seine Wettbewerber England und Frankreich im Auge behalten. Jeder noch so kleine innenpolitische Konflikt würde die wirtschaftliche Situation Deutschlands in Europa nur schwächen, wäre also nicht tragbar. Vielmehr müsse man von nationalen ökonomischen Interessen ausgehen, die jedoch von Land zu Land durchaus verschieden sind.

Genau das behauptete Friedrich List. Dieser Wirtschaftswissenschaftler und -politiker, der als Initiator des Deutschen Zollvereins (1834) die Grundlage für die rasante Aufholjagd der industriellen Entwicklung Deutschlands innerhalb Europas mitzugestalten half, sah gerade in der Fragestellung der Politischen Ökonomie Gefahren für diese Entwicklung. Nicht die Interessenkonflikte der an der Entstehung des BIP beteiligten Parteien waren für ihn die wesentliche Fragestellung der Wissenschaft. Im Gegenteil, jede entstehende und bestehende Nation hat ihre eigenen Gesetze und Perspektiven wirtschaftlicher Entwicklung. Daher müsse die Wissenschaft den Namen »National-Ökonomie« tragen. Die deutsche Nation hat ihre eigene Geschichte der Wirtschaftsentwicklung, hat ihre eigenen Wirtschaftsgesetze. Nationalökonomie, so erläutert er sein Werk, heißt mit anderen Worten: Die Politische Ökonomie vom Standpunkt der Nationalität aufgefasst. Soziale wie wirtschaftspolitische Fragen der angemessenen Verteilung könnten daher nur zweitrangiger Natur sein. Dieses Urteil sollte über 110 Jahre hindurch fatale Folgen für die Entwicklung der Wirtschaftswissenschaften in Deutschland nach sich ziehen.

Die Politische Ökonomie war an ihrer Werttheorie, welche die Marktpreise erklären sollte, gescheitert. Sie besagte, dass der Wert einer Ware durch die in ihr enthaltene Arbeit bestimmt ist. Damit ist der Wert einer Ware auch die notwendige Grundlage des Warenpreises. Die Botschaft der Politischen Ökonomie war der Appell an die (Wirtschafts-)Politik, sich möglichst nur auf die Gestaltung der Rahmenbedingungen einer Wirtschaft zu konzentrieren. Sie predigte das Vertrauen in die immanente Gleichgewichtstendenz einer sich selbst überlassenen Wirtschaft. Wie von Geisterhand geführt würde der Markt dafür sorgen, dass der individuelle Eigennutz eines Einzelnen die gesamtwirtschaftliche Wohlfahrt sicherstellen würde.

Das Scheitern der Politischen Ökonomie bei der Lösung des Preisbildungsproblems war für Karl Marx in seiner Auseinandersetzung mit Smith und Ricardo der Ansatzpunkt, die Kritik der Politischen Ökonomie zu formulieren. Dies ist der Untertitel seines Hauptwerkes *Das Kapital,* dessen erster von drei Bänden 1867 erschien. Sein Interesse galt dem Nachweis, dass der Kapitalismus einen anarchisch und naturwüchsig wirkenden Regulierungsmechanismus hat: den Profit. Profitmaximierung liefere letztlich wirtschaftlich und gesellschaftlich nur suboptimale Ergebnisse menschlicher wirtschaftlicher Tätigkeit. Arbeitslosigkeit ist die Folge, Verschwendung produktiver Ressourcen und Fehlverwendungen von Produktionsfaktoren die Ursachen.

Sowohl das Scheitern der Politischen Ökonomie als auch das Auftreten der marxistischen Lehre gaben Anlass, dass sich neue Theorien mit dem Problem der Preisbildung auf den Märkten und ihrer Bedeutung für eine stabile Marktwirtschaft beschäftigten. Unter dem Titel *Eléments d'économie politique pure ou théorie de la richesse sociale* (1874) arbeitete Léon Walras an dem Nachweis, dass eine sich selbst überlassene Wirtschaft eine optimale Versorgung mit Gütern gewährleisten könne.

Diese Fragestellung ging einher mit einer rigiden Mathematisierung ökonomischer Theorie, die eine exakte Naturwissenschaftlichkeit der Ökonomie suggerieren sollte. Dementsprechend plädierte Alfred Marshall, der Mitbegründer der Neoklassik, 1890 dafür, den Begriff *political economy* einfach zugunsten des Begriffs *economics* fallen zu lassen. Der Ausdruck »politisch« berge die Gefahr in sich, als »parteilich« missverstanden zu werden. Die Ökonomie als Wissenschaft müsse sich an den Maßstäben der Naturwissenschaften messen, somit sei Parteilichkeit nur schädlich.

Heute gibt es keine ernstzunehmende Publikation mehr, die hinter mehr oder weniger vorgehaltener Hand nicht die unbändige Mathematisierung der Disziplin beklagt. Formale Eleganz bei inhaltlicher Irrelevanz, so lauten die Urteile. Ohne Übertreibung lässt sich sagen, dass ungefähr 80 Prozent aller Lehrveranstaltungen im Grundstudium der Volkswirtschaftslehre sich ausschließlich mit mathematischen Vorbereitungen für das Hauptstudium befassen. Innerhalb der heutigen Wirtschaftswissenschaften, üblicherweise in

Betriebswirtschaftslehre und Volkswirtschaftslehre unterschieden, bedeutet diese Entwicklung inzwischen fast schon eine Zulassungsbeschränkung zum Studium der Volkswirtschaftslehre.

Was beinhalten die beiden Teilgebiete der Wirtschaftswissenschaften?

Die Betriebswirtschaftslehre stellt das einzelne Unternehmen in den Mittelpunkt ihres Interesses. In diesem Rahmen versucht sie Kriterien für die jeweils effiziente Struktur und Organisation von Betrieben zu liefern. Dabei interessiert sie neben spezifischen Kosten eine wirksame Marketingstrategie einschließlich einer erfolgreichen Preispolitik. Finanzierung und Personalpolitik sind weitere Bereiche ihrer Untersuchung. Im Ergebnis sucht sie nach optimalen Entscheidungen für das Unternehmen zur Sicherung der Wettbewerbsfähigkeit und des Wachstums. Die Betriebswirtschaftslehre als eigenes Fach besteht seit knapp einem Jahrhundert als universitäre Einzelwissenschaft. Ihr Status als eigenständige Wissenschaft im strengeren Sinne muss bezweifelt werden. Sie ist eher als Taxonomie des betrieblichen Geschehens zu verstehen.

Die Volkswirtschaftslehre, die Ökonomie, widmet sich den Vorgängen des Wirtschaftslebens insgesamt. Sie wird in Wirtschaftstheorie, Wirtschaftspolitik und Finanzwissenschaft untergliedert. Bereiche der Wirtschaftstheorie sind die Makroökonomie und die Mikroökonomie, zuweilen auch Makro- bzw. Mikroökonomik genannt. Letztere befasst sich mit dem Verhalten einzelner Haushalte und Unternehmen (Theorie des Haushalts und Theorie der Unternehmung) sowie mit der Funktionsweise des Marktes. Aufgabe der Makroökonomie ist es zu erklären, wie sich die Entscheidungen von Unternehmen, Haushalten und Staat gesamtwirtschaftlich auswirken. Wie kommt es zu Konjunkturschwankungen, Arbeitslosigkeit und Inflation? Welche Rolle spielt das Geld? Die Makroökonomie soll auf dieser Basis Handlungsvorschläge für die Wirtschaftspolitik bereitstellen. Die Außenwirtschaftslehre fragt nach den Konsequenzen, die aus der internationalen Verflechtung eines Landes entstehen. Im Rahmen der Wirtschaftspolitik geht es um Möglichkeiten des staatlichen Eingriffs in die Wirtschaftsordnung und den Wirtschaftsablauf. Was sollen Zentralbank und Regierung tun? Welche Rezepte gibt es zur Bewältigung der wirtschaftlichen und sozialen Probleme einer Nation? Eine durchdachte Wirtschaftspolitik wird sich dabei auf die Erkenntnisse der Wirtschaftstheorie stützen, so jedenfalls die Forderungen. Die Finanzwissenschaft untersucht die Aufgaben des Staates im Wirtschaftsgeschehen. Ihr Interesse richtet sich auf die Wirkungen von Steuern, Staatsausgaben und öffentlichen Schulden.[17]

Die Beantwortung der in den jeweiligen Teildisziplinen gestellten Fragen war seit dem Bestehen der Wirtschaftswissenschaften stets von den Zeitumständen geprägt. Die ersten systematischen Antworten gab die Politische Ökonomie. Ihre Nachfolgerin, die Neoklassik, nannte ihre Vorgängerin Klassik und warf dabei auch ein Erkenntnisjuwel über Bord: die für die Ökologie so bedeutende Analyse des ökonomischen Umgangs mit Grund und Boden. Der Neoklassik folgte die Keynessche Revolution, später sanft vereinnahmt durch die neoklassische Synthese. Der darauf folgende Monetarismus Anfang der 1970er-Jahre betrieb direkt die Konterrevolution gegen Keynes. In den letzten Jahren schmückt sich jede noch so unscheinbar kleine Entwicklung des Fachs mit dem Etikett »neu«. Somit haben wir derzeit eine Neue Mikroökonomie, eine Neue Klassische Makroökonomie und auch eine Neue Keynesianische Makroökonomie. Richtig pfiffig hat die Initiative Neue Soziale

Marktwirtschaft diese akademischen Bestrebungen aufgegriffen. Ihre Programmatik »Ballast abwerfen« fügt reihenweise Neuigkeiten aneinander: »Neue Wirtschaftspolitik, Neue Beschäftigungspolitik, Neue Sozialpolitik, Neue Tarifpolitik und Neue Bildungspolitik.« Noch vor 20 Jahren wäre das als Politik des Sozialabbaus bezeichnet worden.

Die jeweiligen Fachrichtungen der Volkswirtschaftslehre widmen sich Themenfeldern wie Geldtheorie, Geldpolitik, Finanzmärkte, Arbeitsökonomie, Institutionenökonomik, Wettbewerb und Regulierung, Netzwerkökonomie, Wachstum und Konjunktur, Strukturwandel und Beschäftigung, Spieltheorie und experimentelle Ökonomie und eben vielem anderem mehr.

Untersuchungsgegenstand der heutigen Ökonomie sind letztendlich die Handlungen des Homo oeconomicus, d.h. die Handlungen eines Wirtschaftssubjekts, dem unterstellt wird, entsprechend den Regeln der ökonomischen Vernunft rational zu handeln. Seit der Neoklassik steht dieser Homo oeconomicus im Fokus aller theoretischen Forschungsbemühungen und wirtschaftspolitischen Botschaften. Die Mikroökonomie ist seine Urheimat. Der in akademischen Kreisen anspruchsvollste Kontext dafür ist die Allgemeine Gleichgewichtstheorie, auch Walrasianische Gleichgewichtstheorie genannt, ein Kerngebiet der Mikroökonomie. Dort werden die grundsätzlichen Überlegungen und wissenschaftlichen Beweisführungen angestellt. Wenn man seine Welt verstanden hat, so die Verlautbarung, dann hat man auch die (Wirtschafts-)Welt verstanden. Also Grund genug, ihm und seinem Kontext unsere weitere volle Aufmerksamkeit zu schenken.

Seit einigen Jahren scheint die Politische Ökonomie, was ihren Namen betrifft, wieder in die akademische Lehre zurückgekehrt zu sein. Sie hat nunmehr den Anspruch, das Verhältnis von Politik und Wirtschaft zu analysieren. Bei nüchternem Hinsehen jedoch entpuppt sie sich als ein Wurmfortsatz der neoklassischen Theorie. Im Mittelpunkt des Interesses steht der Homo oeconomicus, das Verhaltensmodell der Wirtschaftswissenschaften: Der wirtschaftlich handelnde Mensch maximiert seinen Nutzen in rationaler Weise. Das wird einfach auf die Politik übertragen. Der politisch handelnde Mensch maximiert seinen Nutzen in rationaler Weise. Die Antwort, ob diese neue Politische Ökonomie mehr als die Neoklassik zur Begründung des Neoliberalismus beizutragen vermag, hängt somit von der Leistungsfähigkeit der Neoklassik selbst ab.

Schauen wir uns das Nervenzentrum der Ökonomie an: die Neoklassik. Begeben wir uns auf die Suche nach dem theoretischen und analytischen Geheimnis des neoliberalen Gesellschaftsmodells.

2. Das Herz des Neoliberalismus: die Neoklassik

Die Neue Klassik – die Neoklassik

Auf jede Frage hat sie eine plausible Antwort. Ob es um die Erklärung der sozialen Sicherungssysteme geht, um die Verbesserung der Wachstumschancen oder um die Globalisierung, für alles gibt es ein Patentrezept der Neoklassik. Ja selbst dann, wenn es um den Privatbereich des Menschen geht, wird sie als Vademecum gepriesen. Aber das allgemeine Wissen über die Neoklassik, ihre wesentlichen Aussagen und ihre Leistungen ist auffällig gering. Was also hat die Neoklassik zu bieten? Wie belastbar und verständlich sind ihre Grundlagen?

Die Neue Klassik, die Neo-Klassik oder die Neoklassik versteht sich als Fortentwicklung der Politischen Ökonomie, die von der Neoklassik als Klassik bezeichnet wird.

Heute ist jedes Lehrbuch der Neoklassik anders.[18] Ein in sich schlüssiges und einheitliches Konzept im akademischen Bereich der Lehre hat die Neoklassik nicht. Einige behandeln die Mikroökonomie und die Makroökonomie. Andere beschränken sich auf die Mikroökonomie. Warum das so geschieht, das wird dem Leser zumeist vorenthalten. Analytisch allgemeingültige Grundsätze gibt es wenige. Ohne große Umschweife verpflichten die neoklassischen

Lehrbücher den Leser in unterschiedlicher Art und Weise auf den Nachvollzug einer katechismusartigen Aufbereitung eines plausiebel erscheinenden wirtschaftlichen Wissens über Haushalte, Unternehmen und Märkte, in dessen Mittelpunkt der effiziente Einsatz knapper Ressourcen durch die einzelnen Wirtschaftsakteure und die Bedingung für das Erreichen von Gleichgewichten und optimalen Marktergebnissen stehen.

Die Neoklassik operiert mit Modellen. Nach ihrer Überzeugung sind sie eine relevante Abstraktion von der Realität: sie beschränken sich auf das Wesentliche. Darüber lässt sich lange und ausführlich streiten – aber nicht hier.

Schwerpunkt unserer Betrachtung ist die Inaugenscheinnahme des Kernmodells der Neoklassik: das die Mikroökonomie dominierende Modell der Allgemeinen Gleichgewichtstheorie nach Léon Walras. Gegenstand dieses Kapitels ist die Prüfung, auf welche Weise und ob relevante ökonomische Fragestellungen mit diesem Modell abgebildet und beantwortet werden.

Wir konzentrieren uns auf drei grundlegende Punkte:

1. Die Wirtschaft (die Marktwirtschaft) ist in der neoklassischen Theorie eine Ansammlung von nutzenmaximierenden Individuen. Der wirtschaftliche Umgang der Individuen untereinander ist durch Tausch charakterisiert. Die neoklassische Theorie ist ein Modell, das eine reale Tauschwirtschaft beschreibt. Das Geld spielt eine belanglose Rolle und wird als neutral bezeichnet. Geldmenge und Preise entwickeln sich parallel, sodass die Kaufkraft des Geldes konstant bleibt, sich real nichts ändert. Eine solche Wirtschaft ist die Reinform der Marktwirtschaft. An ihr lassen sich alle wesentlichen Merkmale der neoklassischen Theorie zeigen und verstehen. Es ist der neoklassische Robinson Club.

2. Das Lustprinzip Nutzenmaximierung im neoklassischen Robinson Club hat seine Entsprechung in der naturalen Produktionswirtschaft. Wirtschaftssubjekte, die Güter in andere Güter transformieren, handeln in der Neoklassik unter der Maxime »Gewinnmaximierung«. Mit vorhandenen Techniken, in Summe als Technologie bezeichnet, wird die naturale Tauschwirtschaft zur naturalen Produktionswirtschaft. Produziert wird das, was einen Gewinn abwirft. Es ist also das um die Produktion erweiterte Modell der Naturaltauschwirtschaft: das erweiterte neoklassische Grundmodell.
3. Eine der Kernbotschaften des Neoliberalismus lautet: Der Arbeitsmarkt in einer Marktwirtschaft hat gesamtwirtschaftliche Verantwortung. Somit habe die Lohnpolitik eine Verantwortung für die Beschäftigung. Kein wirtschaftspolitisches Statement also ohne den Hinweis, wie wichtig das Verhalten der Arbeitnehmer am Arbeitsmarkt sei.

Der neoklassische Robinson Club

Kernaussage der neoklassischen Theorie ist, dass die individuelle Verfolgung des Eigeninteresses und das daraus folgende Verhalten grundlegend für das menschliche Handeln ist. Im Rahmen akzeptierter, gesellschaftlich und staatlich sanktionierter Normen, garantierter Rechtssicherheit, intensiver Konkurrenz und offenen Wettbewerbs soll es mit dem Marktmechanismus zu einem Ausgleich der widerstrebenden Individualinteressen zum Wohle aller kommen.

Der Kern neoklassischer Theorie ist eine Welt aus Gütern und Menschen. Die Welt wird Wirtschaft genannt. In dieser Welt firmieren die Menschen als Wirtschaftssubjekte. Diese können zwei Funktionen ausüben: Konsument und Produzent. In diesem Abschnitt lernen wir den Konsumenten kennen. Es ist der Homo oeconomicus der Wirtschaftswissenschaften. Es gibt hier nur Konsumgüter.

Für die Neoklassik ändert sich der Zustand der Wirtschaft zunächst nur dann, wenn die Güterverteilung sich ändert. Unterschiedliche Güterverteilungen bedeuten unterschiedliche Zustände der Wirtschaft zu dem jeweiligen Zeitpunkt. Die gegebene Güterverteilung zu einem bestimmten Zeitpunkt in einer Wirtschaft wird als Anfangsverteilung bezeichnet. In der Neoklassik wird nicht erörtert, wie die Anfangsverteilung in der Wirtschaft zustandekommt. Das muss und kann sie auch nicht, da ihr Modell die Beantwortung dieser Frage, ja diese Frage selbst nicht ermöglicht. Die neoklassische Analyse der Welt taugt nicht dafür. Die Anfangsverteilung kann demnach durch Raub, Erbschaft, Zufall, Enteignung oder sonstwie zustandegekommen sein.

Die gegebenen Güter befinden sich im Besitz, im Eigentum der Wirtschaftssubjekte. Jeder Konsument besitzt eine Anfangsausstattung mit Gütern. Der Verbrauch der Güter erzeugt beim Wirtschaftssubjekt einen bestimmten Nutzen. In der neoklassischen Welt ist der Konsument ein Nutzenmaximierer. Ein Mehr ist immer besser als ein Weniger.

Bei mehr als einem Gut stiftet eine Gütermengenkombination den Nutzen. Manche Gütermengenkombinationen stiften den gleichen Nutzen. Hier verhält sich der Konsument indifferent. Er bevorzugt weder die eine noch die andere, er hat keine Präferenzen.

Zur Illustration dieses Arguments zitieren die akademischen Vertreter der Neoklassik meistens aus dem prallen Leben. Ob zwei Glas Wein und ein Glas Bier oder drei Glas Bier und ein Glas Wein, beide Gütermengenkombinationen stiften dem Konsumenten den gleichen Nutzen, er ist ihnen gegenüber indifferent. Das Benommenheitsgefühl ist dasselbe. Jeder Studierende empfindet das verständlicherweise als plausibel und praxisnah.

Wenn die gegebene Verteilung nicht mit den Nutzenvorstellungen, den Präferenzen der Wirtschaftssubjekte übereinstimmt, dann haben die Konsumenten Veranlassung, ihre Güter zu tauschen. Wie gesagt, ein Mehr ist immer besser als ein Weniger.

Zwei wesentliche Komponenten des neoklassischen Modells sind damit benannt. Erstens: Der Anfangsbestand der Güterwelt ist gegeben. Die Güter sind demzufolge knapp. Das Zustandekommen wird nicht hinterfragt. Diese Frage wird beispielsweise an die Ethik verwiesen. Zweitens: Die Bedürfnisse der Wirtschaftssubjekte sind unendlich groß. Sie lassen sich nie befriedigen.

Nun hat jedes Wirtschaftssubjekt eine genaue Vorstellung davon, welche Güterkombination den höchsten Nutzen stiftet. Hier erscheint der Reichtum der Gesellschaften als eine (ungeheure) Sammlung knapper Güter. Stellvertretend für die Vielzahl der Güter und Konsumenten präsentiert uns die Neoklassik eine Welt aus zwei Konsumenten und zwei Gütern.

Es ist eine Inselökonomie – das Kernstück neoklassischer Modellanalyse, auch Edgeworth-Box genannt. Sie geht eigentlich auf Vilfredo Pareto (1848–1923) zurück, wurde jedoch zu Ehren des Philosophen und Wirtschaftswissenschaftlers Edgeworth (1845–1926) nach dessen Namen benannt, da er die Methode als einer der Ersten im großen Stil angewandt hat.

Zwei Männer auf einer Insel, Freitag und Robinson. Beide sind mittellos auf die Insel gekommen. Sie erkunden die Insel und werden fündig: jede Menge Kokosnüsse und Bananen. Das ist die gegebene Anfangsausstattung an Gütern der neoklassischen Marktwirtschaft auf der Insel. Je nach geografischer Lage entscheiden sich die Lehrstühle aber auch für Güter wie Bier und Zigaretten. Wie wir sehen, ist der Vorwurf an die Neoklassik, sie sei realitätsfremd, offensichtlich so nicht haltbar.

Die durch das zufällige Auffinden der beiden Güter zustandegekommene Anfangsverteilung entspricht im neoklassischen Modell in der Regel nicht den gegebenen Präferenzen der beiden Wirtschaftssubjekte. Ihr Nutzen ist noch nicht maximiert. Durch Gütertausch soll diese zufällig zustandegekommene Anfangsverteilung in ein von allen Tauschpartnern angestrebtes Nutzenmaximum einmünden.

Es wird angenommen, Freitag sei willens, sich von einigen Kokosnüssen zu trennen. Aber auch Robinson wäre nicht unglücklich, sich von einem Teil seiner aufgesammelten Bananen trennen zu können. Sehr gerne hätte er dafür ein paar Kokosnüsse mehr. Somit beschließen beide, die jeweils als nicht nützlich empfundene Menge der Güter zu tauschen. Das bringt Bewegung in die neoklassische Welt der Beweisführung für die Effizienz der Marktwirtschaft.

Da Raub, Überfall oder Diebstahl sich kaum für die Darstellung einer zivilisierten Form von Marktwirtschaft eignen, bleibt nur der Austausch. Wenn sie sich einigen, dann wird eine bestimmte Menge Kokosnuss gegen eine bestimmte Menge Bananen getauscht.

Dass ein solcher Tausch möglich ist, ist der Neoklassik zufolge auf die Existenz einer Nutzenfunktion der jeweiligen Wirtschaftssubjekte zurückzuführen. Jedes Wirtschaftssubjekt hat eine exakte Vorstellung davon, welchen Güterkombinationen gegenüber es sich indifferent verhält und welche Güterkombination es gegenüber der gegebenen anfänglichen Güterkombination vorzieht.

Dann ist nach vollzogenem Tausch feststellbar, welche Menge an Kokosnüssen gegen welche Menge an Bananen ausgetauscht worden ist. Oder andersherum formuliert: wieviel Bananen kann Freitag im Austausch für eine Kokosnuss erhalten? Dieses Austauschverhältnis, dieses Mengenverhältnis ist der relative Preis für eine Kokosnuss. In unserem Falle kann das eins zu drei sein, also eine Kokosnuss hat den Preis von drei Bananen. Damit wird deutlich, dass je mehr Güter zum Tausch am Markt teilnehmen, desto mehr relative Preise das Gut Kokosnuss hat. Ab einer bestimmten Menge an Gütern, die am Markt getauscht werden sollen, wird es eben unübersichtlich. Das ist der Neoklassik seit Léon Walras auch klar. Daher definierte man flugs ein Gut als Geld bzw. nahm genau genommen eine allgemeine Recheneinheit an, die bei Léon Walras *Numéraire* heißt. (Damit ist jedoch alles andere als eine Geldtheorie entstanden.) Alle Güter erhalten so in ihrem Austauschverhältnis zu diesem Geld-Gut einen Preis – ihren absoluten Preis. Eine transparente und deutliche Darstellung des Unterschieds zwischen relativen und absoluten Preisen findet sich in den Lehrbüchern kaum.

Nach vollzogenem Tausch ist auch jedes Wirtschaftssubjekt mit dem erreichten Austauschzustand zufrieden, da es gemäß seinen Vorstellungen den eigenen Nutzen maximieren konnte. Damit ist nach Überzeugung der Neoklassik bewiesen, dass der Austausch in einer Marktwirtschaft zu einem Gleichgewicht führt, und dieses Gleichgewicht ein von allen Wirtschaftssubjekten gewolltes und gewünschtes sowie den eigenen Nutzen maximierendes Ergebnis ist. Letzterer Zustand wird auch nach dem italienischen Soziologen und Wirtschaftswissenschaftler Vilfredo Pareto Pareto-Optimum genannt.

Dieses Kokosnuss-Bananen-Marktwirtschaft-Modell ist der analytische Kern der Neoklassik. Sie ist das Referenzsystem für den

Neoliberalismus. Als Zwei-Güter-zwei-Personen-Fall ist sie der Nukleus der Allgemeinen Gleichgewichtstheorie, des Glanzstückes der Neoklassik. Sie ist Grundlage der Theorie der rationalen Wahl wirtschaftlicher Individuen. Sie ist die eigentliche Grundlage neoliberaler Politik. Sie ist die wissenschaftliche Begründung für die sogenannte Konsumentensouveränität. Mehr Wissenschaft ist beim besten Willen hier nicht zu haben. Neoliberale sehen somit in den vom Staat korrigierenden und regulierenden Eingriffen, beispielsweise Sozialpolitik, einen nicht tolerierbaren Eingriff in die optimalen Ergebnisse des Marktes. Sozialer Ausgleich ist für die Neoklassik eine nicht zulässige Korrektur von Marktergebnissen, also ein Verstoß gegen das Ergebnis effizienter Tauschvorgänge.

Marktgleichgewicht und Moloch Mathematik

Noch ist die neoklassische Machart der Marktwirtschaft nicht vollständig. Es fehlt die Produktion. Zum neoklassischen Robinson Club kommt ein weiteres Wirtschaftssubjekt, der Produzent. Damit er Güter in andere Güter transformieren kann, benötigt er Technologie. Das ist die Summe aller zu einem Zeitpunkt vorhandenen Techniken. Auch die Transformation und Produktion von Gütern wird in der Neoklassik als Tausch verstanden. Das Wirtschaftssubjekt als Produzent gibt Güter her, um andere im Austausch dafür zu erhalten. Produktion in dieser neoklassischen Wirtschaft ist somit nichts anderes als der Austausch von Gütern, auch hier wird also etwas abgegeben, um etwas anderes zu erhalten. Eine Produktion in dem Sinne, dass einmal neue Güter und zum anderen ein Überschuss produziert wird, dieses Verständnis von Produktion wird hier nicht abgedeckt. Produktion, in der Terminologie der Theorie auch Transformation genannt, ist nach Auffassung von Walras eigentlich nur indirekter Tausch. Man gibt etwas, und erhält etwas. Ob dies nun durch das Hergeben und Zusammenfügen, also das Austauschen von Faktoren gegen ein Gut ist, oder ein Gut gegen ein anderes eingetauscht wird, bleibt dasselbe. Diese banale Produktionstheorie ist ebenfalls dem mathematischen Korsett der Neoklassik geschuldet. Wie wir noch sehen werden, verhindert diese ökonomische Interpretation von mathematisch definierten Gleichgewichten ebenfalls die Formulierung von Gewinn.[19]

Der Robinson Club wird bevölkert. Es gibt nun eine sehr große Anzahl von Wirtschaftssubjekten als Konsumenten und Produzenten. Die drei exogenen Parameter des Modells, die Anfangsverteilung der Güter, die Nutzenvorstellungen der Wirtschaftssubjekte und die vorhandene Technologie haben zu jedem Zeitpunkt einen bestimmten Wert, der sich durch entsprechende Funktionen ausdrucken lässt. Dadurch kann das gesamtwirtschaftliche Gleichgewicht ermittelt und errechnet werden.

Ist also eine bestimmte Ressourcenverteilung gegeben, werden bestimmte Techniken in einer Wirtschaft zur Transformation von Faktoren zu Gütern aufgewandt, und gibt es eine bestimmte Nutzenvorstellung der Marktteilnehmer bezüglich der angebotenen und nachgefragten Güter, so lassen sich daraus Gleichgewichtsmengen und Gleichgewichtspreise der produzierten und getauschten Güter berechnen. Der Markt ist geräumt – beliebt die Neoklassik zu sagen.

Wenn also zu einem bestimmten Zeitpunkt die drei Parameter bestimmte Werte aufweisen, dann gibt es dazu entsprechende Gleichgewichtspreise und -mengen. Da dies immer nur für einen bestimmten Zeitpunkt gelten kann, wird die neoklassische Theorie auch als eine statische Theorie bezeichnet.

Jede Änderung eines oder mehrerer Parameter (Verteilung der Ressourcen, die Technologie, die Nutzenvorstellung der beteiligten Wirtschaftssubjekte) führt zu einer neuen Rechenaufgabe, d.h. die zu einem Zeitpunkt geltenden Lösungen als Gleichgewichtspreise und -mengen ändern sich wegen der geänderten Ausgangsbedingungen.

Diese Kombinationen werden mathematisch formuliert. Und hier tobt sich denn auch eine ganze Armada an Lehrbüchern aus, schlägt pleonastische Purzelbäume, schlägt analytische Haken, schraubt sich zu Finessen filigraner Mathematik hoch, um am Ende mit formaler Eleganz eine inhaltlich leuchtende Irrelevanz zu präsentieren. Der für dieses wirtschaftswissenschaftliche Gebiet 1983 nobelierte Gérard Debreu erfuhr denn auch von Seiten der *Frankfurter Allgemeinen Zeitung* nur eine seufzende Würdigung, da angesichts der Berge von Formeln und Gleichungen in seiner Arbeit zugegeben werden müsse, dass »für jemanden, der nicht zu diesem Kreis der ›hohen Theorie‹ gehört, ein Urteil über die Gültigkeit des Beweises der Überlegenheit freier Märkte nicht möglich ist.«[20]

Nur kurze Zeit später notiert ein Wirtschaftsmagazin die bereits erwähnte Krise der Wirtschaftswissenschaften und knapp 10 Jahre später mokiert sie sich über die »Schnellstraße zum Ruhm«, die man mithilfe des übermäßigen Gebrauchs von Mathematik befahren kann. »Der Siegeszug der Gleichungen führt die Wirtschaftswissenschaften ins Abseits. Wachsender Widerstand gegen die Herrschaft der Mathematik« sei zu vermelden. »Die Adepten der mathematischen Ökonomie könnten rasch feststellen, dass ihr Ansehen und ihre Position geometrisch proportional zur Belanglosigkeit und Unklarheit dessen steigt, was sie sagen und schreiben. Im Gegensatz zu einem berühmten Satz von Lincoln wäre es [...] doch möglich, alle Menschen die ganze Zeit zum Narren zu halten – und das sogar ohne große Mühe.«[21]

Dasselbe Wirtschaftsmagazin feiert 6 Jahre später »Die Hoffnungsträger der deutschen Ökonomie«. Der Text umrahmt eine Karikatur, in der einem jungen Professor die mathematischen Formeln aus dem Munde quellen, ihm gegenüber ein talarbewehrter Altkollege, der sich verzweifelt auf einen Haufen von Lehrbüchern abstützt und die Namen Smith, Ricardo, Keynes, Schumpeter, Friedman, Hayek stammelt. Nun sei »die Zeit verbaler Argumentationen vorbei, gefordert sei das strenge Korsett eines mathematischen Modells. Denn halbwegs präzise Anworten bekommt man nur mit mathematischen Methoden«[22], erklärt barsch der Jungkollege.

Da muss doch richtig Freude aufkommen. Wir dividieren die derzeitige Arbeitslosenzahl durch zwei, schließlich will nach Bekundungen der Wirtschaftspresse die Hälfte ohnehin nicht arbeiten, und schon ist die Arbeitslosigkeit halbiert.

Zurück zum Robinson Club als neoklassischer Wirtschaftswelt. Sie ist nun definitionsgemäß im Gleichgewicht. Der Übergang von einem Gleichgewicht zum Zeitpunkt A zu einem neuen Gleichgewicht zum Zeitpunkt B wird von der Neoklassik Ungleichgewicht genannt. Das rührt daher, dass ein Parameter sich ändert, beispielsweise dadurch, dass weitere Kokosnüsse von der Palme fallen. Dieses Ungleichgewicht ist nun der Zeitraum, den die Wirtschaftssubjekte benötigen, um aufgrund der veränderten Zahl der Kokosnüsse durch erneuten Tausch zu einem neuen Gleichgewicht zu gelangen. Das kann sich in der temporären Nichtnutzung von Produktionsfaktoren äußern. Arbeitslosigkeit ist ein Beispiel.

Dieser Zeitraum nun ist ein wichtiger Schlüssel zum Verständnis der neoklassischen Theorie. Wenn es für sie darum geht, zu erklären, warum denn kein (reales) wirtschaftliches Gleichgewicht zustandekommt, so wird auf die entsprechenden Anpassungsprozesse hingewiesen. Denn, so argumentiert sie, solange die Marktteilnehmer nicht richtig und schnell auf die sich ändernden Parameter reagieren, solange wird die Ungleichgewichts-Situation bestehen bleiben.

Somit sind gesamtwirtschaftliche Ungleichgewichte wie Arbeitslosigkeit, mangelnde Nachfrage, geringes Angebot, Problem der sozialen Sicherungssysteme etc. nur uneinsichtigen Marktteilnehmern zuzuschreiben. Sie müssten auf die sich ändernden Parameter wie Technologie, Verteilung und Nutzen schneller und adäquater reagieren. Mehr als diese pauschale Rezeptur ist von der Neoklassik als Kern des Neoliberalismus für wirtschaftliche Anpassungsprobleme nicht zu haben.

Ob ein solches Insel-Modell adäquat ist, ob es mathematisch tatsächlich Lösungen gibt, ob beispielsweise die Entwicklung der Technologie nicht selbst ein wirtschaftliches Kalkül im Zusammenhang mit Kosten- und Gewinnüberlegungen ist, ob das Insel-Modell und seine theoretischen Anhängsel denn in sich logisch und schlüssig sind, all das und einiges mehr kümmert diese Theorie seit ihrer Entstehung überhaupt nicht. Es wird einfach behauptet, dass dieses Modell die Handlungsmaxime für die Marktwirtschaft sei. Die akademische Zunft ist das verbeamtete Sprachrohr dafür, und keiner der Zunft traut sich zu widersprechen.

Mit dem Homo oeconomicus ist man nicht immer zufrieden. 1990 war man wild entschlossen, »Kapital und Know-how auf die verrotteten Stümpfe der DDR-Wirtschaft aufzupfropfen. Dazu benötigt man Menschen, die *leadership* und *fighting spirit* aufweisen. Gesucht sind Männer mit Killerinstinkt, die den gesunden kapitalistischen Beißinstinkt noch nicht verloren haben. Das ethische und soziale Gesäusel der Vergangenheit schadet nur dem herkömmlichen Subordinationsmuster.«[23]

Heute beunruhigt dieser Mensch, der im Zentrum der Volkswirtschaftslehre steht, die akademische Forschung. »Zurück zum ehrbaren Kaufmann« lautet der Appell. Die moderne Neoklassik sei zu einer Ökonomie der Habgier geworden. Sie gehe von einem Menschen aus, der von unbegrenzter Habsucht getragen wird. Offensichtlich läuft der Homo oeconomicus aus dem Ruder.

Wenden wir uns dem Problem der Gewinnerklärung und Gewinnmaximierung zu. Die Gewinnmaximierung ist eine Verhaltensannahme in der Neoklassik. Doch im walrasianischen Gleichgewicht, unserem Robinson Club, erzielt jeder Produzent, jeder Unternehmer einen Gewinn von Null. Der walrasianische Unternehmer kauft die Vorprodukte, die er braucht, um seine Güter produzieren zu können, und zahlt dafür die von den Zulieferern geforderten Preise. Wenn die Einkommen die Kosten übertreffen, erzielt er einen Gewinn und vice versa. Die Existenz eines Überschusses bzw. Abgangs liefert ein Signal des Ungleichgewichts und führt dazu, dass es in einem Fall zu einer Produktionsausweitung, im anderen zu einer Reduzierung kommt. Deshalb gibt es in einem Zustand des Gleichgewichts für die Unternehmer weder Gewinn noch Verlust.

Das liegt daran, dass in der neoklassischen Theorie, die im Grundsatz reine Mathematik ist, die Lösungen des Modells mathematische Ableitungen sind. Entsprechend der Aufgabenstellung und Lösung können nur Faktoren eine Entlohnung erhalten. Organisierende Aktivitäten können in der mathematischen Lösung keinem Faktor zugeordnet werden. Unternehmerische Aktivitäten sind somit in diesem System nicht erfassbar. In einer gleichgewichtigen Wirtschaft ist also kein Platz für Gewinn, keine Rechtfertigung und keine Erklärung dafür. Das ist ein Defizit, das akademisch wohlbekannt ist.

Zugespitzt ist die Situation in der neoklassischen Welt also so: Es wird ein Gleichgewicht angestrebt, um alle Ressourcen optimal zu beschäftigen. Jedoch genau in diesem Zustand kulminiert die Gewinnmaximierung in einem Gewinn von Null. Überzeugend ist die Gewinnmaximierungsthese der Neoklassik also nicht.

Dennoch ist der Glaube an die Funktion des Gewinns stabil wie eh und je. »Die sachgerechte Beurteilung der Unternehmensgewinne und das Wissen um ihre Bedeutung für Investitionen, Wachstum und Beschäftigung ist für eine verantwortungsbewusste Tarifpolitik eine wichtige Voraussetzung. Sie sind in einer Marktwirtschaft nicht nur die Erfolgsprämie für eingegangene Risiken, unternehmerische Leistung und die Hergabe des haftenden Vermögens durch den Unternehmer. Sie sind vor allem der Motor der Wirtschaft und damit Ausgangspunkt und Voraussetzung für mehr Beschäftigung und bessere Verdienstmöglichkeiten. Das Erwirtschaften ordentlicher Gewinne ist darum auch und in hohem Maße soziales Handeln.«[24]

Es gibt eine anhaltende Diskussion und wirtschaftspolitische Auseinandersetzung um diese Wirkungskette. Altkanzler Schmidt goß sie in die Formel: die Gewinne von heute sind die Investitionen von morgen und die Arbeitsplätze von übermorgen. Von der IG Metall wurde ihm (damals) konternd entgegengehalten: »Wo sind die Arbeitsplätze von heute aufgrund der Investitionen von gestern und der Gewinne von vorgestern?«

In der neoklassischen Welt bleibt man auf diese Frage wegen der dargestellten analytischen Defekte ohne Antwort. Dass dagegen der Neoliberalismus an diesem behaupteten Automatismus der Schaffung von Arbeitsplätzen festhält, das ist nunmehr nicht mehr verwunderlich.

Die neoklassische Beschäftigungstheorie

Auch bei der neoklassischen Beschäftigungstheorie geht es nur um Angebot und Nachfrage auf dem Markt. Die Nachfrage nach Arbeit bei der Neoklassik ergibt sich bei gegebener Ausstattung der anderen notwendigen Produktionsfaktoren aus dem Verhältnis des Lohnes, der für eine Arbeitskraft zu zahlen ist, zum Erlös, der sich durch den Einsatz dieser Arbeitskraft erzielen lässt. Solange der erzielbare Erlös größer ist als der zu zahlende Lohn, lohnt es sich, die Beschäftigung von Arbeitskräften auszudehnen. Es wird das Gesetz vom abnehmenden Grenzertrag unterstellt: Bei zusätzlichem Einsatz des Produktionsfaktors Arbeit und Konstanz des Produktionsfaktors Kapital nimmt von einer bestimmten Produktionsmenge an die zusätzliche Produktion ab. Somit sinkt bei gleichbleibendem Preis des Produkts der zusätzliche Erlös.

Der zusätzliche Erlös weiterer Arbeitskräfte muss also mindestens den Lohn decken, sodass die Nachfrage eines Unternehmers (besser: Produzenten) nach Arbeit stets dann ausgedehnt werden kann, wenn der Lohnsatz fällt. Addiert man nun die bei jeder Lohnhöhe nachgefragte Menge an Arbeitskräften der einzelnen Produzenten, so ergibt sich die gesamtwirtschaftliche Nachfrage nach Arbeitskräften. Sie verändert sich ebenso wie die einzelwirtschaftliche im umgekehrten Verhältnis zur Lohnhöhe.

Wie kommt das gesamtwirtschaftliche Angebot an Arbeit zustande? Es ist ein Aggregat. Die individuell angebotene Menge an

Arbeit ergibt sich in der neoklassischen Beschäftigungstheorie aus dem Verhältnis des Nutzens der Waren, die der Anbieter der Arbeitskraft mit dem Lohn kaufen kann, zur Freizeit.

Es wird ein 24-Stunden-Tag unterstellt, der individuell wahlweise in Arbeitszeit und Freizeit aufgeteilt werden kann. Jedes Individuum, so wird angenommen, kann sich also frei entscheiden, ob es beispielsweise vier Stunden arbeitet, um den Nutzen der Güter genießen zu können, die für den erhaltenen Lohn eingetauscht werden können. Die restlichen 20 Stunden sind dann der Theorie zufolge Freizeit.

Steigt nun der (Real-)Lohn, also die Gütermenge, die dafür getauscht werden kann, so wird unterstellt, dass die Freizeit geringer geschätzt wird, also weniger Nutzen bringt. Schließlich ist auch der Anbieter der Arbeitskraft Nutzenmaximierer wie Freitag und Robinson. Bei höherem Lohn steigt konsequenterweise das Angebot von Arbeitsstunden. Addiert man die bei jeder Lohnhöhe angebotene Menge an Arbeit, ergibt sich das Gesamtangebot an Arbeit. Dieses steigt bei steigendem Lohnsatz.

Für die Neoklassik ist aufgrund dieser Konstruktion des Arbeitsmarktes, die keinerlei Verknüpfung zu Fragen des Gewinns, des Geldes, der Investitionen, des Kapitalmarktes, der Arbeitsproduktivität und der Rentabilität hat, klar, dass die Beschäftigung, die sich aus dem von ihr postulierten Zusammenspiel zwischen Angebot und Nachfrage nach Arbeit ergibt, grundsätzlich immer Vollbeschäftigung ist.

Nach dieser Auffassung kann es keine unfreiwillige Arbeitslosigkeit geben, die anderen Faktoren als dem individuellen Fehlverhalten des Anbieters an Arbeitskraft geschuldet ist. Dass bei der Abstimmung zwischen Angebot und Nachfrage vorübergehend

Arbeitslosigkeit entstehen kann, wird konzediert. Diese sogenannte Reibungsarbeitslosigkeit sei aber prinzipiell mit der Vollbeschäftigung vereinbar.

Diese grundsätzliche Möglichkeit der Vollbeschäftigung in der Marktwirtschaft ist ausgeschlossen, wenn wegen gesellschaftlicher Umstände das freie Spiel von Angebot und Nachfrage durchbrochen sei. Schuld daran können sein: »Gesetzgebung, übliches gesellschaftliches Verhalten, Zusammenschlüsse zwecks kollektiver Lohnverhandlungen, langsame Anpassung an notwendige Veränderungen oder schlicht menschliche Starrköpfigkeit.«[25]

Für die Neoklassik, also den Neoliberalismus, sind es dann eindeutig die Gewerkschaften, die es mit ihren Lohnforderungen unmöglich machen, dass alle Beschäftigung finden.

Auf diesen Arbeitsmarktmechanismen baut dann das neoklassische gesamtwirtschaftliche Gleichgewicht auf. Letztlich, so die Theorie, sei das Bruttoinlandsprodukt ursächlich von einem funktionierenden Arbeitsmarkt abhängig.

Damit ist die Forderung nach Verlässlichkeit der Lohn- und Gehaltspolitik angesprochen. Man fordert einen guten Policy-Mix, »also das möglichst günstige und konsistente Zusammenspiel aller Instrumente. Im ersten Schritt aber haben alle Politikbereiche zunächst einmal eigene unerlässliche Bringschulden: wie Konstanz und Verlässlichkeit der Rahmenbedingungen durch die Wirtschafts- und Steuerpolitik, Glaubwürdigkeit der Geld- und Währungspolitik und das Mitübernehmen gesamtwirtschaftlicher Verantwortung durch die Lohnpolitik, insbesondere für die Beschäftigung«.[26]

Behalten wir die Brille der neoklassischen Beschäftigungstheorie auf der Nase. Schauen wir uns in der Welt um. »Spielball von Konjunktur und Politik«, so ist ein Bericht in der *Frankfurter Allge-*

meinen über die Auswirkungen der Asien-Krise auf den innerasiatischen Arbeitsmarkt betitelt. Eine weitgehend rechtlose Manövriermasse werden mehrere Millionen Wanderarbeiter genannt, die auf der Suche nach Arbeit sind: »Die Arbeitssuchenden (in der Südhalbkugel), die Fachleute gehen von etwa 100 Millionen Menschen aus, zieht es im Süden in Länder, in denen die Wirtschaft boomt. Sie folgen zunehmend den Strömen von Kapital, Waren und Dienstleistungen – und haben besonders darunter zu leiden, wenn diese die Richtung wechseln oder eine Konjunkturphase zu Ende geht. Das wurde seit Beginn der Wirtschaftskrise in Asien deutlich: Mehrere Millionen Wanderarbeiter wurden zu einer weitgehend rechtlosen Manövriermasse. Zwei Millionen Gastarbeiter, die Hälfte von ihnen Illegale, waren in Malaysia tätig. Ausländer stellen dort 80 Prozent der Bauarbeiter. In Thailand waren mehr als eine Million Fremdarbeiter beschäftigt. Nach dem wirtschaftlichen Zusammenbruch wurden die einst willkommenen Helfer als Ballast betrachtet. Über Nacht wurden sie zu Sündenböcken; man gab ihnen die Schuld an Arbeitslosigkeit und zunehmender Kriminalität. Schließlich kündigte die Regierung in Kuala Lumpur die Abschiebung von einer Million ausländischer Arbeiter an; später korrigierte sie die Zahl auf 200 000 Menschen.« [27]

Solche Maßnahmen erklären beispielsweise, obzwar nicht in dieser Dimension, auch das sogenannte Beschäftigungswunder der Schweiz.

Wir behalten die Brille der neoklassischen Beschäftigungstheorie weiter auf und wenden uns dem Inland zu. In der Diskussion um die Gehälter von Spitzenmanagern deutscher Unternehmen geht der T-Online-Chef in die Offensive. In einem Interview der *Frankfurter Allgemeinen Sonntagszeitung* legte der damalige Vorstandsvorsitzende Holtrop seine Bezüge offen: »Ich bekomme 700 000 Euro Festgehalt im Jahr und einen variablen Anteil, der von der Zielerreichung abhängt. Erreiche ich alle Ziele zu 100 Prozent, erhalte ich weitere 700 000 Euro.« Der Schutz der Daten und der Persönlichkeit sowie Transparenz und Glaubwürdigkeit seien ihm sehr wichtig, betonte der Vorstandsvorsitzende. Er habe für sich entschieden, das Gehalt bekannt zu geben, um für Transparenz zu sorgen. Zugleich sprach sich der Manager gegen den Vorschlag von Bundesjustizministerin Brigitte Zypries aus, Top-Gehälter zu begrenzen. »Eine Obergrenze führt nur zu einer Überregulierung und Überbürokratisierung. Damit mindern wir unsere Wettbewerbsfähigkeit.«

Der Präsident des Bundesverbandes der Deutschen Industrie, Michael Rogowski, hat einigen Topmanagern deutscher Unternehmen »Raffgier« vorgeworfen. In einem Interview hatte der BDI-Präsident eingeräumt, dass die Gehälter für Spitzenmanager in einigen Großunternehmen im abgelaufenen Geschäftsjahr teils trotz drastischer Gewinneinbrüche oder sogar Verlusten gestiegen seien. »Solche Fälle hat es in der Tat gegeben«, sagte Rogowski. Namen nannte er dabei nicht. Auch wenn es sich nur um Einzelfälle handle, könne er diese nicht gutheißen. [28]

Der Chef der New York Stock Exchange (NYSE) trat zurück, weil er »obszön zu nennende Bezüge« erhielt. Er war auf dem »Raubzug auf das Geld von Kunden und Aktionären«. Seine »maßlose Gier war gepaart mit Unverfrorenheit und Realitätsverlust«. Zudem wurde bedauert, dass »im vorliegenden Fall ein zentraler Sanktionsmechanismus der Marktwirtschaft nicht funktioniert: die Angst vor dem Reputationsverlust«. [29]

Was ist aus dieser Lektion neoklassischer Beschäftigungtheorie zu lernen? Jeder ist seines Glückes Schmied.

Kassensturz

Die Neoklassik bzw. der Neoliberalismus war mit dem Anspruch angetreten, das durch die Politische Ökonomie nicht gelöste Problem der Preisbildung auf freien Märkten erforscht und entschlüsselt zu haben. Es war ihr Anspruch nachzuweisen, dass in einer Marktwirtschaft das eigennützige Verhalten aller Wirtschaftssubjekte ein gesamtwirtschaftliches Gleichgewicht herbeiführt.

Die Preise von Gütern sollen sich im Wettbewerb durch den freien Tausch bilden. Dieser Beweis ist jedoch nicht geliefert worden. Stattdessen versuchte der Urvater der Neoklassik, Léon Walras, zu tricksen. Er beschreibt den Suchprozess der Individuen nach den Gleichgewichtspreisen, die für einen Ausgleich von Angebot und Nachfrage sorgen sollen, als Tâtonnement-Prozess, als ein Prozess des Herantastens. Aber dieses Herantasten an den »richtigen« Preis im Sinne des Ausgleichs zwischen Angebot und Nachfrage zur Herbeiführung des Marktgleichgewichts geht nicht ohne Vermittlung. Dieses Herantasten an die richtigen Ergebnisse muss moderiert werden.

Das tut der Auktionator von Walras. Er koordiniert den Preisfindungsprozess. Der Auktionator gibt für alle angebotenen und nachgefragten Güter Startpreise vor, und ermittelt für diese Startpreise die einzelnen (hypothetischen) Angebots- und Nachfragemengen der Akteure durch Befragung. Es werden das aggregierte Überschussangebot und die Überschussnachfrage für jedes Gut ermittelt. Anschließend werden in weiteren Befragungsschritten die Preise aller Güter entsprechend dem Vorzeichen der Überschussnachfrage adjustiert. Angebot und Nachfrage werden neu ermittelt. Léon Walras rühmte sich, damit die *invisible hand* von Adam Smith sichtbar gemacht zu haben. Der sogenannte walrasianische Tâtonnement-Prozess endet, wenn für alle Güter gilt: Angebot gleich Nachfrage.

Im Klartext bedeutet das: Marktteilnehmer können entsprechend dem neoklassischen Modell erst dann tauschen, also wirtschaftlich agieren, wenn ihnen mitgeteilt wird, dass aufgrund ihrer Angebote und ihrer Nachfrage ein Ausgleich vorab errechnet werden konnte. Dann erst können sie tauschen. Es gibt also keine Beweisführung dieser Theorie dafür, dass durch tatsächliche Tauschvorgänge in einer Marktwirtschaft ein Gleichgewicht erreicht wird. Damit gibt es auch keinen Beweis der Neoklassik dafür, dass die beharrliche Verfolgung des Eigennutzes gesamtwirtschaftlich zu einem optimalen Resultat führt.

Der Nobelpreisträger von 1987, Robert M. Solow, hatte diesen Trick von Léon Walras schlicht als Schwindel bezeichnet. Und das ist er auch heute noch. Und so wird denn ernüchtert zugegeben, dass die neoklassische Theorie alles andere als die Wissenschaft ist, die Preisbildung auf Märkten unter Wettbewerbsbedingungen nachzuweisen in der Lage ist. »Im Modell der vollständigen Konkurrenz findet eigentlicher Wettbewerb gar nicht statt. Das Modell beschreibt vielmehr einen nach erfolgtem Wettbewerb sich einstellenden Ruhezustand. Es fehlt an dynamischem Wettbewerb und [...] an eigentlicher Kapitalwirtschaft. Die sterile Kapitalwirtschaft dieses Modells ist nur ein Schatten wirklicher Kapitalwirtschaft.«[30] Das Preisbildungsproblem ist einfach aus dem Fenster geschmissen worden. Walras gibt das erst in der fünften Auflage seines Buches zu – versteckt in einer Fußnote. Dennoch predigt der Neoliberalismus die bewiesenen Vorteile der freien Preisbildung auf Märkten mit Wettbewerb.

Nochmals, diese Theorie trat vollmundig mit der Behauptung an, sie könne den Preisbildungsprozess auf den Märkten erläutern.

Ja, sie fegte die Politische Ökonomie mit der Behauptung zur Seite, sie hätte keine befriedigende Preiserklärung zu bieten. Sie böte dagegen eine Erklärung des Zusammenwirkens individueller Handlungen an, eine Theorie der wirtschaftlichen Interaktion. Was man sich damit jedoch seit über 100 Jahren eingehandelt hat, ist Katzengold, ist ein peinlicher Bluff.

Das sehen die Vertreter der Neuen Sozialen Marktwirtschaft anders: »Die Preise auf den Märkten erfüllen wichtige Funktionen: Sie passen die sich ständig ändernden Bedürfnisse und Knappheitsverhältnisse einander an (Koordinations- und Ausgleichsfunktion), sie informieren über die Knappheit eines Gutes oder eines Produktionsfaktors (Informationsfunktion) und sie lenken die Produktionsfaktoren in ihre bestmögliche Verwendung (Anreiz- und Lenkungsfunktion). Bei freiem Wettbewerb stehen die drei Bestandteile eines Marktes (Angebot, Nachfrage und Preise) in einem wechselseitigen Verhältnis zueinander. Ändert sich eine dieser drei Größen, löst dies bei den beiden anderen Anpassungsreaktionen aus. Sowohl die Preisbildung als auch die Funktionsfähigkeit des Marktes hängen letztlich von den Wettbewerbsbedingungen und damit von der Zahl der Anbieter und Nachfrager ab.«[31] Es sind und bleiben Glaubensbekenntnisse, die durch immerwährende Wiederholung nicht glaubwürdiger werden.

Wer Geld hat, ist verdächtig. Geld macht gierig. Geld macht korrupt – Geld verdirbt den Charakter, sagt der Volksmund in Deutschland.

»Nach neoklassischer Sicht sind privatwirtschaftlich-arbeitsteilig strukturierte Ökonomien wie die Marktwirtschaft in Deutschland durch den Tausch von Gütern einschließlich Arbeitskraft und

Boden charakterisiert. Sofern ein Medium existiert, das als allgemeines Zahlungsmittel und Wertstandard allgemein akzeptiert ist, lassen sich die notwendigen Transaktionen wesentlich effizienter gestalten, als wenn Gut gegen Gut getauscht werden müsste. Geld dient somit als Schmiermittel der Güterzirkulation. Dies ändert jedoch nichts an der Auffassung, dass Geld einen Schleier darstellt, der – bildlich gesprochen – über der Ökonomie liegt. Die wichtigen Gesetzmäßigkeiten der Ökonomie sind, so das Argument, nur zu erkennen, wenn der monetäre Schleier weggezogen wird. Die sich zeigende Realsphäre kann dann ohne jeglichen Rückgriff auf Geld analysiert werden. Produktionsvolumen, Beschäftigung, Kapitalbestand, Einkommensverteilung, Investitionen, Ersparnisse, alle wichtigen ökonomischen Größen außer dem Preisniveau, lassen sich in der Realsphäre ohne Geld bestimmen. Analytisch von der Realsphäre getrennt sieht die Neoklassik eine Geldsphäre, die ausschließlich die Funktion hat, das Preisniveau zu bestimmen.«[32]

Geld spielt somit in der Neoklassik keine Rolle. Aber auch für die Vertreter der Politischen Ökonomie wie Adam Smith und David Ricardo ist das Geld neutral. Auch bei Karl Marx ist Geld in seiner Funktion als Geld neutral. In seiner Funktion als Kapital ist Geld aber nicht neutral. Geld als Kapital wirkt zunächst zivilisatorisch, dann verheerend. Die wenigen Lehrbücher, die sich mit Marx beschäftigen, übersehen diese Unterscheidung zwischen Geld als Geld und Geld als Kapital. Marx ist und bleibt für sie Klassik im Sinne der Neoklassik, mehr nicht.

Für den Begründer der Neoklassik, Léon Walras, kann Geld die realen Tauschvorgänge nicht beeinflussen. Es spielt keine wesentliche Rolle in den ökonomischen Überlegungen. Diese Wissenschaft nimmt kaum Notiz vom Gelde. Geld wird in der neoklassischen

Forschung behandelt wie jedes Gut auch. Geld hat die gleiche Bedeutung wie die Banane und die Kokosnuss.

Werfen wir einen Blick in die Kultur. In dem Roman von Emile Zola *Die RougonMacquart* geht es um das Geld. *L'argent* heißt die 1871 erschienene Originalausgabe. Sie ist ausschließlich der betrügerischen Vermehrung und wundersamen Vernichtung des Geldes an der Pariser Börse gewidmet. Das kümmert die Wissenschaft Neoklassik drei Jahre später überhaupt nicht. Geld regiert die Welt? »Nein«, sagt die Wissenschaft, »Geld spielt keine Rolle.« 30 Jahre vor Walras' Theorie erscheint die Novelle *Die toten Seelen* von Nikolaj Gogol. Da wird mit Verstorbenen gehandelt, alles wegen des Geldes. Geld ist dort eine herrlich anonyme Macht. Dem pflichtet viele Jahrzehnte später ein christdemokratischer Politiker bei: »Die Entsolidarisierung ist natürlich vornehmlich begründet durch die Gier nach Geld, die die Gehirne der Verantwortlichen zerfrisst, in der Wirtschaft und der Politik.«[33] Aber das lässt neoklassische Lehrbücher kalt.

Da unterstreicht Beethoven mit der Klaviersonate »Die Wut über einen verlorenen Groschen« die Bedeutung eines kleinen Geldstücks, Duke Ellington improvisiert in seinem Album *Money Jungle* zum Thema, Brecht spricht dem Gelde sogar erquickende Kraft zu und Hanns Eisler komponiert dazu das Lied: »Über die belebende Wirkung des Geldes«. No comment, so die zuständige Fachwissenschaft Neoklassik. Tomi Ungerer preist die stimulierende Rolle des Geldes als »Dünger der Kultur«. Für die Neoklassik ist es lediglich der Schleier, der über den realwirtschaftlichen Vorgängen liegt.

Die anfeuernde Wirkung des Geldes auf die Gründung von Universalbanken, welche die gesamte Bandbreite der Bank- und Finanzdienstleistungsgeschäfte anbieten, wird im historischen Rückblick begeistert gefeiert: »Nichts beflügelt die Fantasie so sehr wie der Beruf, Geld sich und anderen nützlich zu machen: Mit der Hilfe von Banken erschafft es sich selbst, es dehnt die Ökonomien, indem es Zinsen wirft, und als täglicher Begleiter hat es den Ruf, den Montesquieu ihm gab: Nie habe es einen so guten Sklaven und so bösen Herrn gegeben wie das Geld. Kein Wunder, dass Emile Zola den Spekulanten Saccard, der daran geht, eine Bank zu gründen, ausrufen lässt: ›Universal-Bank! Das ist einfach, das ist großartig, das umfasst alles, das birgt die ganze Welt in sich‹«[34] Und »es gibt Maximen, die alles erklären, und diese hier ist von Shakespeare: Wo Geld vorangeht, sind alle Wege offen. Bei uns waren das Wege aus dem Biedermeier. Als wir das begriffen, stellte sich heraus, dass Geld fließt, wo die Wege offen sind, und nach 1871 begriffen wir das schnell.«[35]

Das Geld war auch Katalysator für eine Kirchenrevolution: Wenn der Taler im Kasten klingt, die Seele sich in den Himmel schwingt. Im ausgehenden Mittelalter deckte die Kirche ihren Finanzbedarf mit einem schwunghaften Ablasshandel, der die Sündenvergebung von Spendengeldern der Gläubigen abhängig machte. An diesem Ablasshandel der katholischen Kirche entzündete sich auch die Kritik des Reformators Martin Luther, dessen Person am Reformationstag die evangelische Kirche gedenkt. Kein Thema für die neoklassische Theorie.

Im Gegenteil, die Wissenschaft verkündet ungerührt: »Die einfache Umschreibung der volkswirtschaftlichen Funktion des Geldes, dass es ein den Austausch von Gütern und Dienstleistungen vermittelndes Verkehrsgut sei, konnte all jene nicht befriedigen, welche in der Wissenschaft nicht so sehr die Tiefe der Erkenntnis als die Fülle von Material suchen. Mancher Forscher meinte, dass der hervorragenden Stellung des Geldes im Wirtschaftsleben nicht genügend Rechnung getragen sei, wenn man ihm lediglich die Tauschmittelfunktion zuerkenne, und glaubte erst durch Aufzählung eines halben Dutzend weiterer ›Funktionen‹ die Bedeutung des Geldes voll gewürdigt zu haben. Eine recht naive Auffassung.«[36]

Und irgendwo im Roman *Kleiner Mann – was nun?* von Hans Fallada heißt es: »Bei den kleinen Leuten fließt das Geld durch die Taschen«. Verständlich, da es ja dort, wie wir bereits wissen, nur Zahlungsmittel ist. Die gleiche Quelle vermutet weiter, dass das in Geld gemessene Einkommen und Vermögen, das Geld als Symbol für gleichermaßen verhassten wie beneideten Reichtum, Gegenstand einer merkwürdigen Aversion sei.[37] Dostojewski sah das etwas anders. Geld war für ihn »geprägte Freiheit, zugleich aber auch der Weg in die Sklaverei«.[38]

Auch wenn nicht geklärt ist, was Geld ist, finden wir doch bei der Kirche ein eindeutiges Verhältnis zu ihm vor: »Der Umgang mit Geld verlangt Umsicht und Vorsicht. [...] Wir haben rechtzeitig reagiert. Wir haben uns von Menschen und Gebäuden trennen müssen. Das hat uns sehr weh getan. Aber: Ein solcher Umgang mit Geld ist human und christlich und sichert zudem Arbeitsplätze. Verschwendung dagegen ist unchristlich«, schrieb der Verwaltungschef der Erzdiözese Köln 2003 im *Tagesspiegel.*[39] Da ist offensichtlich inzwischen konsequent weiter gedacht worden: »Geld ist die Fortsetzung Gottes mit anderen Mitteln«[40], lautet heute der säkularisierte Glaube.

Trotz all dem: Die Neoklassik bleibt unerbittlich. Geld ist und bleibt nur ein Schleier. Mag auch seit Aristoteles die Definition der Kardinalfunktionen wie Wertmaßstab, Tauschmittel (Zahlungsmittel) und Wertaufbewahrungsmittel gültig sein, Geld bleibt für die Neoklassik nur ein Schleier.

Wie ist denn das Problembewusstsein der Wissenschaft heute? »Die Erweiterung der zunächst rein realwirtschaftlichen Modelle um einen monetären Sektor stellt eine wesentliche Herausforderung dar. Auf der einen Seite muss das Modell erklären, warum private Akteure ein prinzipiell nutzloses Medium wie Papiergeld überhaupt halten. Auf der anderen Seite spielt in friktionslosen Modellen des Allgemeinen Gleichgewichts Geld keine interessante Rolle.«[41]

Das ist der Erkenntnisstand der Wissenschaft, die eigentlich für das Problem zuständig ist. Da muss eben Tucholsky herhalten: »Nationalökonomie ist, wenn die Leute sich wundern, warum sie kein Geld haben. Das hat mehrere Gründe, die feinsten sind die wissenschaftlichen Gründe, doch können solche durch Notverordnungen aufgehoben werden.«[42]

Bei der Suche nach Antworten, wenn es um Fragen Staat oder Markt geht, hat die neoklassische Theorie immer eine Lösung parat: Mehr Markt bringt Umweltschutz, mehr Markt in der Daseinsvorsorge bringt mehr individuelle Sicherheit. Dies ist stets verknüpft mit dem Hinweis, die Privatisierung staatlicher Leistungen sei effektiver und mit besseren Ergebnissen für den Konsumenten verbunden.

Wie wir gesehen haben, gibt es in der neoklassischen Welt nur private Güter. Güter also, die im ausschließlichen Eigentum des Wirtschaftssubjektes sind. Güter aber, die beispielsweise von mehreren unter Entrichtung eines Fahrpreises genutzt werden dürfen, ein öffentliches Verkehrsmittel wie ein Bus, können nicht in die Nutzenfunktion des Wirtschaftsindividuums in der neoklassischen Theorie eingehen. Diese setzt zwingend voraus, dass das Wirtschaftssubjekt ausschließlich alleine über das Gut verfügen kann, obwohl das offensichtlich nicht auf alle Güter zutrifft. Darunter fallen beispielsweise die Nutzung von Bildungseinrichtungen wie Schulen und Universitäten, das öffentliche Wegenetz, Polizei, Militär, Gesundheitswesen und vieles andere mehr. Diese Güter heißen in der Neoklassik öffentliche Güter. Sie können mit den Werkzeugen und den Mitteln der neoklassischen Theorie nicht erklärt werden. Das hatte Léon Walras bereits selbst zugegeben und eingestanden. Somit besteht keine Vergleichsmöglichkeit zwischen privaten und öffentlichen Gütern, somit kann also gar nicht bewiesen werden, dass beispielsweise eine private Rentenversicherung besser als eine gesetzliche ist.

Der Neoliberalismus hat keine wirtschaftstheoretisch systematische und analytische Erklärung, wie staatlich initiierte Infrastruktur mit dem privaten Sektor verflochten ist. Er kann keine nachvollziehbare Begründung vorlegen, warum im Prinzip private Güter und Leistungen stets den staatlichen und öffentlichen vorzuziehen seien.

»Warum aber steht die Privatisierung weiterhin so hoch im Kurs oder wird, wenn auch missmutig, toleriert? Für die meisten Bürger ist der Staat das tief eingefressene Feindbild. Dafür gibt es gute beziehungsweise schlechte Gründe: hohe Steuern, bürokratische Gängelei, Bürgerferne. Gewiss! Aber sind denn Großunternehmen besser? Mit wieviel Bürokratie wird der Bürger überzogen, wenn er bei der Telekom eine Beschwerde wegen der Rechnung über nicht geführte Telefongespräche einreicht? Oder von ›seiner‹ Bank Schadenersatz wegen falscher Beratung fordert?«[43] Oder gar über die rapide wachsenden Service-Rufnummern um Hilfe nachsucht, die heftig kostenpflichtig eine Art Gelddruckmaschine der Privatisierung geworden sind.

Fassen wir zusammen. Die Neoklassik setzt sich zusammen aus den Bereichen Mikroökonomie und Makroökonomie. Die Mikroökonomie in ihrer wissenschaftlich relevanten Form der Allgemeinen Gleichgewichtstheorie kann das Geld nicht erklären. Die Marktwirtschaft ist eine Geldwirtschaft. Somit kann die Neoklassik im Bereich Mikroökonomie wissenschaftlich nichts Relevantes beisteuern. Damit hat sie beispielsweise auch nicht einen Deut zu sagen bei der Erklärung und Analyse von Geldmärkten – geschweige denn Kapitalmärkten. Doch gerade da tobt das Leben.

Der Bereich Makroökonomie muss sich zwangsläufig bei der Analyse des Sozialprodukts und des Arbeitsmarktes darauf beschränken, das Sozialprodukt als ein einziges Gut zu definieren. Das liegt daran, dass eine aggregierte Produktion von Gütern und Dienstleistungen, also das Bruttoinlandsprodukt, ohne Wertkategorien nicht formulierbar ist. Damit kann die Makroökonomie auch nichts, aber auch gar nichts zum Zusammenhang zwischen Lohnhöhe und Beschäftigung sowie dem Bruttoinlandsprodukt sagen.

Diese Defekte sind bekannt. Wie reagieren neoklassische Ökonomen? Einige ignorieren das Desaster der Makroökonomie und lehren sie weiter – allem zum Trotz mit wirtschaftspolitischen Ratschlägen wie: die Löhne sind zu hoch. Die anderen beschränken sich auf die Mikroökonomie und raspeln sowie feilen weiter am Homo oeconomicus, der die (Geld-)Welt nicht verstehen kann. Was ist er denn, der Homo oeconomicus? Er lässt sich am einfachsten durch die Art und Weise beschreiben, wie er durch die Neoklassik konstruiert und erschaffen wird. Das Kernproblem lautet: wie räsoniert er, wie trifft er Entscheidungen und wie handelt er rational im eigenen Interesse? Damit ist schon fast alles Wichtige gesagt. Der Homo oeconomicus ist ein Homunculus. Er ist ein Produkt zweier Gleichungen. Die eine Gleichung ist in der neoklassischen Theorie bekannt als Indifferenzkurve. In den Lehrbüchern wird sie mathematisch-ökonomisch hochtrabend als geometrischer Ort all jener Gütermengenkombinationen definiert, die den gleichen Nutzen für das Individuum stiften. Mehr ist immer besser. Doch da ist das, was die Lehrbücher Einkommen nennen, als Nutzen- und Lustbremse. Das ist die andere Gleichung, Budgetgerade genannt. Sie ist die geometrische Darstellung des Einkommens. Der faszinierend haltlose Lieblingssport neoklassischer Lehrbücher ist es nun, auch mithilfe geometrischer Konstruktionen den Tangentialpunkt der beiden geometrisch dargestellten Gleichungen zu finden. Dieser Tangentialpunkt beschreibt, wie der Homo oeconomicus Entscheidungen trifft. Nämlich rational im eigenen Interesse.

Die neoliberale Gebetsmühle oder »Die Systematik des Hämmerns«

Eine deutsche Schrift aus dem Jahre 1933 überrascht durch eine Offenheit, die man heute in Bezug auf die neoliberale Propaganda vergebens sucht: »Organisation einer wirtschaftspolitischen Propaganda. Wirtschaftspolitische Propaganda treiben, heißt, eine Massenmeinung – unter Umständen einen Massenwahn – schaffen oder bekämpfen. Der Erfolg der Propaganda hängt – abgesehen von der Technik ihrer Durchführung – ab von der Zeitreife der propagierten Ideen. Die Technik der Propaganda ist die Systematik des Hämmerns. Wodurch kann eine Idee popularisiert werden? Nur dadurch, dass sie immer wieder und mit allen zur Verfügung stehenden Mitteln der Veröffentlichungstechnik, des Wortes und des Bildes, in ständig wechselnder Form dargestellt wird. Systematik und Konsequenz, mit der eine wirtschaftspolitische Idee verfolgt wird, ist entscheidend für ihren Erfolg. Jedes Programm wird schwache Punkte haben. Aufgabe der Verteidigung ist es, diese schwachen Punkte durch Herausstellung des Positiven zu decken oder so elastisch zu bleiben, dass man sich vor Korrekturen der eigenen Meinung nicht scheut. Die amerikanisch ›naturhafte‹ Darstellung: Der Amerikaner bringt mit großem psychologischem Erfolg Bilder aus der Wirklichkeit des Wirtschaftslebens. Es ist unbedingt notwendig, dass die deutsche amtliche Propaganda sich der naiven Darstellung, der Sprache des Volkes und seiner Denkart durch ihre Propagandastellen stärker anpasst.« [44]

»Das Alte auf eine neue Weise tun – das ist Innovation.« Ob Joseph Alois Schumpeter (1883–1950) das damit gemeint hat?

3. Die domestizierten Einsichten von John Maynard Keynes

Die »absurde ökonomische Theorie«

»Keynes' Homosexualität ist zentral zum Verständnis des Theoretikers, wurde er dadurch doch automatisch zur kritischen Distanz gegenüber vielen Konventionen gezwungen. Weil sich Keynes oft abseits der Pfade gutbürgerlicher Normalität bewegte, konnte er auch in der Theorie Neuland betreten. [...] Keynes hinterließ trag- und ausbaufähige Analysen zu ganz zentralen Themen, aber keine allgemeine Theorie, die auf alles eine Antwort gäbe.«[45]

So stand es wortwörtlich in der *Zeit*. Immerhin hatte sie sich die Mühe gegeben, ihren Lesern etwas Verständliches über die Entwicklung der Wirtschaftswissenschaften zu präsentieren. Das Urteil ist kennzeichnend für die Rezeption und das Verständnis der Arbeiten von John Maynard Keynes in Deutschland.

Keynes wird allgemein mit Staatseingriff assoziiert. Sein Werk wurde und wird gleichgesetzt mit staatlich exzessiver Wirtschaftspolitik, planwirtschaftlicher Bedrohung sowie mit blind arbeitnehmerorientierter Interessenpolitik. Im Zusammenhang mit dem Rücktritt des Bundesfinanzministers Oskar Lafontaine 1999 wurde die Arbeit von Keynes gar als *absurde ökonomische Theorie* bezeichnet.

Sein Buch *Allgemeine Theorie der Beschäftigung, des Geldes und des Zinses* ist 1936 erschienen und wird immer in einem sehr engen Zusammenhang mit der Weltwirtschaftskrise der Jahre 1928 bis 1932 gesehen. Das hat schnell dazu geführt, dass das Werk nahezu ausschließlich als die theoretische Grundlage für Staatseingriffe in der Krise verstanden wurde. Diese Auffassung und dieses Verständnis haben sich bis heute verfestigt, Keynes gilt als der Übervater einer staatlich betriebenen Nachfragepolitik mit verheerenden Folgen für die Entfaltung freier Märkte.

Die selten in Frage gestellte akademische Dominanz der Neoklassik hat weitere wesentliche und nützliche Einsichten von Keynes bis zur Unkenntlichkeit entstellt. Was hat die Neoklassik verstümmelt? Drei Einsichten von Keynes sind hier von Interesse: Das gesamtwirtschaftliche Verhältnis von Sparen und Investieren, die Erklärung der Konjunktur und der Arbeitslosigkeit.

Sparen und Investieren: die Sparstrumpf-Mentalität einer Wissenschaft

Wer kennt sie nicht, die Tugend des Sparens. Was privat plausibel ist, muss doch auch gesamtwirtschaftlich gelten: es muss gespart werden, damit ausgegeben beziehungsweise investiert werden kann. Nur so kann ein Land wettbewerbsfähiger werden.

In der neoklassischen Theorie wird die gesamtwirtschaftliche Ersparnis automatisch zur gesamtwirtschaftlichen Investition. Wie kommt das? Sparen bedeutet in der Neoklassik lediglich aufgeschobener Konsum. Ersparnis ist ein Verzicht auf Ressourcen, der Einsatz dieser Ressourcen als Produktionsmittel ist die Investition. Das ist das grundlegende neoklassische Verständnis. Uns interessiert der gesamtwirtschaftliche Anpassungsprozess von Sparen und Investieren.

Die grundsätzliche Überzeugung, dass im Prinzip kein wirtschaftliches Ungleichgewicht in einer Marktwirtschaft sein kann, formuliert die Neoklassik so: »Es ist zweckmäßig zu bemerken, dass fertiggestellte Erzeugnisse im gleichen Augenblick in der vollen Höhe ihres Wertes einen Markt für andere Produkte bieten. Denn sobald der Letzterzeuger ein Produkt fertiggestellt hat, ist sein größtes Verlangen darauf gerichtet, es zu verkaufen, damit der Wert des Erzeugnisses nicht bei ihm ruhe. Aber nicht weniger eilig hat er es, sich des Geldes wieder zu entledigen, das ihm der Verkauf einbringt, damit auch der Wert des Geldes nicht bei ihm festliege. Nun kann man sein Geld nur dadurch umsetzen, dass man irgendein anderes Produkt zu erwerben trachtet. Man sieht also, dass der bloße Umstand der Herstellung eines Erzeugnisses im gleichen Augenblick einen Markt für andere Produkte eröffnet.«[46]

Andersherum formuliert: Dieses gesamtwirtschaftliche Verständnis, auch Saysche Gesetz genannt, postuliert, dass eine allgemeine Nachfrageschwäche unmöglich ist, da die Erstellung der Güter (Produktion) das Volkseinkommen (Lohn, Zins und Rente) schafft, diese zu konsumieren. Höchstens partielle bzw. sektorale Ungleichgewichte auf einzelnen Märkten sind aufgrund sich verschiebender Präferenzen und sich wandelnder technischer Ausstattung möglich. Es setzen jedoch sogleich automatische Anpassungsprozesse zum Gleichgewicht ein. Ein funktionierender Preismechanismus sorgt für eine entsprechende Anpassung der relativen Preise.

Diese Aussage beinhaltet, dass der gesamte Erlös der Unternehmen in einer Wirtschaft, den sie durch den Verkauf ihrer Produkte erzielen, den Kosten der Produktion entspricht. Das bedeutet, dass gesamtwirtschaftlich betrachtet Produktion, Einkommen und Nachfrage wertgleich sind.

Schon früh gab es Einwände gegen diese Behauptung eines makroökonomischen Gleichgewichts, wie es durch das Saysche Gesetz formuliert wird. Während in einer reinen Naturaltauschwirtschaft die Entsprechung von Angebot und Nachfrage notwendig ist, da der Tauschvorgang immer beide in einem Akt umfasst, werden in einer Geldwirtschaft beide Seiten (Angebot und Nachfrage) getrennt und ein Gleichgewicht ist daher überhaupt nicht besiegelt.

Der gesamtwirtschaftliche Kreislauf ist gestört, wenn den Unternehmen nun nicht die gesamte Produktion abgenommen wird. Dies stellt jedoch für die Neoklassik kein Problem dar. Neben die vom Einkommen abhängige Nachfrage in Form des Konsums tritt die Nachfrage nach Investitionsgütern: »Man sagt, dass der Mensch spart, wenn er veranlasst, dass die Arbeit und die Güter, die er kauft, der Erzeugung von Vermögen gewidmet werden, von dem er erwartet, dass es ihm in der Zukunft Genuss verschaffen werde.«[47] Ersparnis wird als Nicht-Konsum zur Investition, womit wieder ein gesamtwirtschaftliches Gleichgewicht erreicht wird.

Die Regulierung des Ausgleichs von Ersparnis und Investition übernimmt bei der Neoklassik der Markt, der Kapitalmarkt heißt. Dort treffen Ersparnisse als Kredit auf die Nachfrage nach Kredit, die potenziellen Investitionen. Der Preis-Mengen-Mechanismus sorgt auch hier für die Bildung eines Gleichgewichtes, in dem der Wert der Ersparnisse dem Wert der Investitionen entspricht. Der Preis für den Kredit ist der Zins. Für die Neoklassik ist der Zins der Preis des Kapitals. Anders formuliert: Jeder Verzicht auf Konsum bedeutet eine Ersparnis. Dieser Verzicht auf sofortigen Konsum honoriert der Markt mit einem Preis, dem Zins.

Das gesamtwirtschaftliche Gleichgewicht beinhaltet damit automatisch eine Vollbeschäftigung, da per Annahme jedes Gut einen Absatz findet, wenn es sich den Marktbedingungen anpasst. Somit gibt es für die Neoklassik auch hier kein gesamtwirtschaftliches Ungleichgewicht.

Die neoklassischen Lehrbücher behandeln dieses Thema sehr unklar und verschwommen. Das liegt daran, dass der Annahme der automatischen Identität von Ersparnis und Investition folgendes Modell zugrunde liegt: Die gesamtwirtschaftliche Ersparnis ist bei der Neoklassik ein einziges Gut, in den Lehrbüchern meistens Weizen. Somit ist die Investition auch nur mit einem Gut formulierbar, dem Weizen. Die Neoklassik kann gar nicht anders, als gesamtwirtschaftliche Ersparnis und Investition so zu formulieren, da mangels Geld die einzelnen Güter nicht als gesamtwirtschaftliche Größe zusammengefasst werden können. Äpfel lassen sich nun mal mit Birnen nicht addieren. Das trifft dann um so mehr auf eine Kapitalwirtschaft zu, wie wir sie heute haben, in der Kredite ja nun wirklich nicht in Naturalform vergeben werden.

Darüber hinaus suggerieren die Lehrbücher durch ihre Darstellung, dass die privaten Ersparnisse Quelle der privaten Investitionen seien. Entsprechend muss erst gespart werden, bevor investiert werden kann. Untersuchungen der Bundesbank zufolge betrug jedoch in den letzten Jahren der Anteil der Innenfinanzierung, also der Finanzierung durch Einbehaltung vergangener Gewinne, an den Bruttoanlageinvestitionen der Unternehmen bis zu 120 Prozent.[48] Also sind 20 Prozent mehr Gewinne gemacht worden, als zur Finanzierung der Bruttoanlageinvestitionen notwendig gewesen wäre. Das bedeutet, dass zur Finanzierung der Investitionen keine Kredite, kein Fremdkapital notwendig waren. Da bringen keine Haushalte der neoklassischen Lehrbücher ihr Erspartes auf die Bank, erhalten dafür Zinsen, die von den Unternehmen bezahlt werden, um diese Ersparnisse als Kredite für Investitionen zu erhalten. Die neoklassische Idylle, derzufolge gesamtwirtschaftlich sich etwas vom Munde abgespart wird, damit investiert werden kann, diese Idylle ist gesamtwirtschaftlich weder nachvollziehbar noch beweisbar.

Doch nicht nur das Versagen bei der Erklärung, wie Investitionen gesamtwirtschaftlich finanziert werden, macht die Neoklassik politikuntauglich. Es gibt Investitionen, die ausschließlich mit Geld zum Zwecke der Geldvermehrung gemacht werden. Es sind die Finanzmärkte, auf denen das geschieht.

»Ohne Pause operieren die Finanzmärkte rund um den Erdball. Die Kapitalströme haben sich dabei mehr und mehr von den Warenströmen gelöst. [...] Im Ergebnis haben uns diese Entwicklungen an den Devisen- wie auch an den Kapital- und Geldmärkten eine zunehmende Volatilität beschert. Kurzfristige Verzerrungen der Kurse nach oben und unten sind häufiger. Dennoch: einen Weg zurück gibt es nicht.«[49]

Die Neoklassik hört hier wohl die Glocken läuten, doch wo sie hängen, das kann sie nun wirklich nicht wissen.

Die Ersparnis ist für die Neoklassik der individuelle Konsumverzicht. Das ist auch ihre gesamtwirtschaftliche Definition von Ersparnis. Gesamtwirtschaftliche Ersparnis ist bei der Neoklassik der in die Zukunft verschobene Konsum.

Bei Keynes ist das anders. Auch bei ihm ist gesamtwirtschaftlich der Wert der Produktion gleich dem Volkseinkommen. Ein Teil davon wird konsumiert: der gesamtwirtschaftliche Konsum. Ein anderer Teil wird gespart, die gesamtwirtschaftliche Ersparnis. Diese ist nach Keynes Ursache für wirtschaftliche Ungleichgewichte. Ersparnis ist für Keynes zunächst gesamtwirtschaftlicher Nachfrageausfall Das heißt, dass das gesamtwirtschaftliche Güterangebot größer ist als die gesamtwirtschaftliche Nachfrage. Ersparnis bedeutet also erst einmal ein wirtschaftliches Ungleichgewicht. Das vorhandene Angebot kann nicht voll abgesetzt werden.

Für Keynes ist eine Investition die Anlage von Geld. Geld kann einmal als Realinvestition, zum anderen als Finanzinvestition angelegt werden. Letzteres besteht im Kauf von finanziellen Gegenwerten wie Beteiligungen, Aktien, Rentenpapiere oder Finanz-Derivaten. Realinvestionen sind die Anlage von Geld in Maschinen und Anlagen.

In gewissem Umfang werden Finanz- und Realinvestitionen voneinander unabhängig getätigt. Aktienkäufe als Anlage von Geld in Form einer Finanzinvestition geschehen, ohne dass Realinvestitionen zuvor durchgeführt worden sind. Auf der anderen Seite können Realinvestitionen getätigt werden, ohne dass es dafür über den Kapitalmarkt laufender Finanzinvestitionen bedarf.

Somit ist es nicht notwendig, dass gesamtwirtschaftlich Geld gespart, auf dem Kapitalmarkt angelegt wird, und dann eine Realinvestition erfolgt. Im Gegensatz zur Neoklassik bestimmt also die Ersparnis nicht die gesamtwirtschaftliche Investition. Das wiederum heißt, dass Finanzinvestitionen vorgenommen werden können, ohne dass dafür ein gesamtwirtschaftlicher Überschuss des Einkommens über den Verbrauch, den Konsum, erforderlich ist.

Aber wovon hängt die Realinvestition, wovon hängt die Finanzinvestition ab? Zunächst ist es notwendig, dass bei beiden Investitionen der erwartete Ertrag größer als die Anschaffungskosten ist. Das lässt sich finanztechnisch leicht mit einer Art Zins ermitteln. In betrieblichen Investitionsrechnungen nennt man ihn den internen Zinsfuß.

Bei Keynes heißt der die Realinvestitionen betreffende Zins Grenzleistungsfähigkeit des Kapitals (GRK). Diese GRK, auch mit r bezeichnet, muss auch einen bestimmten Mindestwert aufweisen. Weshalb? Die Realinvestition steht in Konkurrenz zur Finanzinvestition, denn die Investition ist zunächst nichts anderes als eine Anlage von Geld. Die Finanzinvestition orientiert sich am Marktzins i.

Damit ergibt sich folgende Alternative: Eine Realinvestition wird nur dann getätigt, wenn r größer ist als der Marktzinssatz i. Im Gegensatz zur Neoklassik ist nun dieser Marktzinssatz i nicht das Ergebnis von Angebot und Nachfrage nach Kredit, sondern das Ergebnis von Angebot und Nachfrage nach Geld. Ein hoher Zinssatz macht also eine noch höhere GRK erforderlich, damit Realinvestitionen getätigt werden, Investitionen also, die etwas mit Arbeitsplätzen zu tun haben.

Aus dieser Keynesschen Betrachtungsweise folgt, dass dem Marktzinssatz eine herausragende Rolle zukommt. Wie sein Zustandekommen analysiert und erklärt wird, kann und soll hier nicht interessieren. Die Meinungen nicht nur bei Vertretern der Keynesschen Theorie gehen hierüber weit auseinander. Die Anfrage des Autors bei der Volkswirtschaftlichen Abteilung der Deutschen Bundesbank fand beispielsweise eine erstaunlich vage und weitläufige Antwort: »Auch für den Zins gibt es keine allgemein anerkannte Definition. Zumeist wird aber der Ansatz akzeptiert, den Zins als den Preis für die vorübergehende Überlassung von Vermögen anzusehen.«[50]

Was hier jedoch interessiert, ist der Hinweis von Keynes, dass der Zinssatz nicht unter ein bestimmtes Niveau sinken kann. Warum das so ist oder so sein soll, das bleibt in seinen Ausarbeitungen ungeklärt. Eine Antwort gibt es darauf bis heute nicht.

Wenn heute davon gesprochen wird, dass der monetäre Sektor, also Finanzinvestitionen, sich vom Realsektor, also Realinvestitionen, gelöst habe, dass also die Monetärsphäre sich gegenüber der Realsphäre verselbständigt habe, dann liefern nicht die Neoklassik und der Neoliberalismus, sondern Keynes einen (vorläufigen) Schlüssel zum Verständnis dieser Sachlage. Denn solange für bestimmte Realinvestitionen r kleiner ist als der herrschende Marktzinssatz i, solange ist es attraktiver, das Geld in Finanzinvestitionen anzulegen. Wenn das gesamtwirtschaftliche Dimensionen annimmt, die dann spürbar negative Auswirkungen auf den Arbeitsmarkt haben, dann spricht man vom Kasinokapitalismus: »Spekulanten mögen unschädlich sein als Seifenblasen auf einem steten Strom der Unternehmungslust. Aber die Lage wird ernsthaft, wenn die Unternehmungslust die Seifenblase auf einem Strudel der Spekulation wird. Wenn die Kapitalentwicklung eines Landes das Nebenerzeugnis der Tätigkeiten eines Spielsaales wird, wird die Arbeit voraussichtlich schlecht getan werden.«[51]

Damals, 1935, bereits hellsichtige Worte. Doch da hatte einer früher schon Ähnliches geäußert: »Je akuter und häufiger die Wertrevolutionen werden, desto mehr macht sich die automatische, die mit der Gewalt eines elementaren Naturprozesses wirkende Bewegung des verselbständigten Werts geltend gegenüber der Voraussicht und Berechnung des einzelnen Kapitalisten, desto mehr wird der Lauf der normalen Produktion untertan der anormalen Spekulation, desto größer wird die Gefahr für die Existenz der Einzelkapitale.«[52]

Kehren wir kurz zurück zur Neoklassik. Für Keynes hat Geld eine Funktion, die die Neoklassik nicht kennt: Wertaufbewahrungsmittel. Nach Keynes ist Geld also ein Mittel, Wert aufzubewahren. Wert aufzubewahren?

Nun reibt sich auch der wissenschaftlich Interessierte Fachlaie die Augen. Wert soll aufbewahrt werden. Wert wurde als Erkenntnisgegenstand bei der Neoklassik bestenfalls aufgebahrt. Seit nahezu 120 Jahren hat die Neoklassik dem Begriff Wert die Türe gewiesen. Der herrschende Kanon der akademischen Lehre ist der Auffassung, dass eine Werttheorie überflüssig ist. Die Neoklassik ist als Preistheorie ausschließlich Handlungstheorie. Wert oder eine Werttheorie sind also mitnichten vonnöten.

Also auch hier versagt der Neoliberalismus. Die Neoklassik kann auch diese für die Entwicklung einer Volkswirtschaft grundsätzliche Fragestellung nach dem Verhältnis von gesamtwirtschaftlicher Ersparnis und Investition weder formulieren noch erläutern. Der Neoliberalismus kann somit den Sachverhalt einfach nicht erklären.

Gesamtwirtschaftliche Störungen: Konjunktur

Geschah vor 80 Jahren die Beobachtung der Wirtschaft mit ihrem Auf und Ab noch punktuell, temporär und unvollständig, so ist die Konjunkturbeobachtung von heute, die von großen Unternehmen sogar mithilfe einer eigenen volkswirtschaftlichen Abteilung betrieben wird, detailliert und umfangreich. Konjunkturbeobachtung und -erklärung sind heute für Unternehmen und Betriebe lebensnotwendig. Was leistet da die Neoklassik? Nun, das Urteil über die Rolle der Neoklassik zur Zeit der Wirtschaftskrise in Deutschland 1930 ist eindeutig. Sie hat schon damals nicht die Fähigkeit bewiesen, Konjunkturschwankungen zu erklären, geschweige denn die Wirtschaftskrise zu analysieren. Im Gegenteil, »die neoklassische liberale Nationalökonomie in Deutschland hat in der Krise nicht nur keinen Beitrag für eine realistische Krisentherapie geliefert, sondern im Gewande einer vorgeblich sachlogischen Argumentation den politischen Aushöhlungsprozess der Weimarer Republik ideologisch mitgefördert und -legitimiert.« [53]

Auch heute ist das Bewusstsein davon, was Konjunktur ist, sehr lapidar: Konjunktur ist knapp ausgedrückt: die wirtschaftliche Lage. In Marktwirtschaften schwankt die wirtschaftliche Lage in gewissen Abständen zwischen Hochkonjunktur (Boom) und Depression (Krise) mit den Zwischenphasen Aufschwung und Abschwung. Wie gesagt, die Neoklassik hat keine Konjunkturtheorie – und kann sie wegen ihrer Konstruktion gar nicht haben. Zyklische Entwicklungen kann sie bei exogenen Schocks, also Änderungen der exogenen Parameter, nur als Anpassungsprobleme der Marktwirtschaft begreifen.

Vor einiger Zeit schien es so, als sei auch dies nicht notwendig. Die Neoklassik konnte aufatmen. Der Konjunkturzyklus schien überwunden. Die New Economy schien Garant dafür zu sein. Stetiges Wachstum, ohne Konjunkturschankungen und Arbeitslosigkeit, war die Verheißung. Nur kurze Zeit später ist auch diese neoklassische Vorstellung wie eine Seifenblase zerplatzt: »Im vergangenen Jahr stellten sich viele der Behauptungen der New Economy als falsch heraus: Die Auffassung, dass der Konjunkturzyklus tot sei, dass Ausgaben für Technologie konjunktursicher seien, dass die klassische Bewertung von Aktien künftig irrelevant seien usw.« [54]

Sicher ist nur dies: »Der Abschied von den lästigen Konjunkturschwankungen war wohl verfrüht. Wir werden weiter mit den Höhen und Tiefen der Konjunktur leben. Aber am Ende würde ja auch reichen, wenn das eintritt, was ein Berkeley-Professor ankündigte: Aus empirischen wie theoretischen Gründen könnten in entwickelten industriellen Volkswirtschaften die Wellen des Konjunkturzyklus eher zu einem Gekräusel werden. Das wäre gar keine schlechte Perspektive.«[55]

Sicher, das wäre wohl zu wünschen. Nur, auch diese abgemilderten neoklassischen Hoffnungen erwiesen sich gerade wegen ihrer analytischen Untauglichkeit als trügerisch. Mitten in der Wirtschaftskrise 1930 erklärte einer der damaligen renommierten Professoren für Volkswirtschaftslehre, die Krisenimmanenz der kapitalistischen Wirtschaft habe sich längst als marxistische Fantasterei erwiesen, endogene Krisen hätten sich längst in sanfteres Wellengekräusel verwandelt.[56]

Was heißt aber nach Keynes Konjunktur? Zu Beginn eines Jahres können die geplanten Investitionen der Unternehmen, also die gesamtwirtschaftliche Investition, das ihnen entsprechende Einkommen und die geplanten gesamtwirtschaftlichen Ersparnisse, durchaus voneinander abweichen. Das hat folgende Auswirkungen:

Angenommen, die gesamtwirtschaftlichen Ersparnisse sind größer als die Investitionen. Das wird eine verringerte Beschäftigung zur Folge haben. Die Unternehmen werden weniger absetzen als geplant. Vor diesem Hintergrund wird Produktion und Beschäftigung eingeschränkt. Das wirkt sich auf die Investitionen durch ein verändertes r und/oder Veränderung des Zinssatzes i aus.

Verringert sich nach Keynes die Nachfrage, dann ist mit einem Fall der Ertragserwartung zu rechnen. Solange der Aufschwung andauert, zeigt ein großer Teil der neuen Investition einen nicht unbefriedigenden laufenden Ertrag. Die Enttäuschung kommt, weil plötzlich Zweifel an der Zuverlässigkeit des zu erwartenden Ertrages aufkommen, vielleicht, weil der laufende Ertrag aufgrund des Anwachsens der Lagerbestände geringer wird. Wenn dann noch angenommen wird, dass die laufenden Produktionskosten höher sind als in der Zukunft, dann wird ein weiterer Grund für das Fallen der r gegeben sein.

Durch den Fall der r wird gesamtwirtschaftlich weniger investiert werden. Damit wird ein kontraktiver Prozess ausgelöst, in dem das Volkseinkommen schrumpft, die Beschäftigung zurückgeht, aber möglicherweise die Gleichheit von gesamtwirtschaftlicher Ersparnis und Investition wiederhergestellt wird. Von Interesse nun ist es, ob durch endogene Kräfte der Wirtschaft eine Konjunkturerholung eintritt, die zu steigenden Investitionen, zu steigendem Einkommen und damit wieder zur steigenden Beschäftigung führen.

Wieder steigende Realinvestitionen setzen voraus, dass die r größer ist als der Marktzinssatz i. Keynes hält es für wenig wahrscheinlich, dass Realinvestitionen steigen werden aufgrund eines fallenden Zinssatzes. Eher wahrscheinlich ist ein Steigen der r nach Keynes, das durch eine Verknappung des Kapitals zustandekommt. Wie kommt diese Verknappung des Kapitals nach Keynes zustande?

Das geschieht durch den Ausfall von Kapital infolge von Gebrauch, Verfall oder Veralterung. Es spielen also technische Schwierigkeiten eine Rolle, die Unternehmen führen die Produktion mit zunehmend veralteten Anlagen und Maschinen fort. So belebt sich die Nachfrage nach Investitionsgütern und die r steigt. Und dann wird irgendwann nach einem Aufschwung wieder ein Sinken der r aufgrund der die Realisierungsmöglichkeiten übersteigenden Erwartungen einsetzen. Die Wirtschaft befindet sich nach Keynes in einem beständigen Auf und Ab. Das ist der Konjunkturzyklus.

Auch hier besteht ein krasser Unterschied zur Neoklassik. Das Kapital als Produktionsfaktor in der neoklassischen Welt erhält seine Entlohnung, weil es produktiv ist. Bei Keynes wirft Kapital nur dann Profit ab, wenn es knapp gehalten wird. Das schließt also regelmäßige Kapitalvernichtung ein, obgleich die physischen Maschinen und Anlagen durchaus noch produktiv, d.h. benutzbar sind. In letzter Konsequenz bedeutet das, dass nach Keynes diese notwendige Knappheit an Kapital ein Mehr an Investitionen zur Erreichung der Vollbeschäftigung in der Marktwirtschaft verhindert. Das ist eine Konsequenz, die heute viele Keynesianer schlicht übersehen.

Unfreiwillige Arbeitslosigkeit

Das Ab der Konjunktur produziert Arbeitslosigkeit. »Es ist sicher, dass die Welt die Arbeitslosigkeit, die, von kurzen Zeiträumen der Belebung abgesehen – nach meiner Ansicht unvermeidlich –, mit dem heutigen kapitalistischen Individualismus verbunden ist, nicht viel länger dulden wird. Durch eine richtige Analyse des Problems sollte es aber möglich sein, die Krankheit zu heilen und gleichzeitig Leistungsfähigkeit und Freiheit zu bewahren.«[57] Die Neoklassik wird von Keynes gerade dort kritisiert, wo man ihn am ehesten verstehen musste: an der von der Neoklassik behaupteten Funktionsweise des Arbeitsmarktes.

Der Nachweis unfreiwilliger Arbeitslosigkeit bei Keynes geschieht mit einer Beweisführung, die zunächst nur den Arbeitsmarkt betrachtet. Keynes musste die Leser seiner Überlegungen dort abholen, wo sie gewohnt waren, trotz Massenarbeitslosigkeit intellektuell und mental zu verharren, nämlich bei der Einstellung: die Arbeitnehmer sind selbst schuld.

Wie sieht seine Argumentation aus? Angenommen, die Preise steigen bei gleicher Höhe der verkauften Produktion sowie bei gleichem Lohnsatz. Das bedeutet einen höheren Gewinn. Die Kalkulation des Unternehmens zeigt dann, dass damit der Erlös pro Arbeiter steigt. In der neoklassischen mikroökonomischen Welt des Unternehmens (Theorie der Unternehmung) wird die Beschäftigung immer so weit ausgedehnt, bis der Grenzerlös der Arbeit gleich dem Lohnsatz ist. Wenn also der Erlös pro Arbeiter bei einer Preiserhöhung steige, könne ja die Beschäftigung ausgedehnt werden. Somit ist, so Keynes, eine Ausdehnung des Arbeitsangebots, also eine weitere Nachfrage nach Arbeit bei gleichem Reallohnsatz möglich. Aber eben nur dann, wenn noch nicht alle Arbeiter, die zu diesem Lohnsatz arbeiten würden, auch beschäftigt werden.

Also steigt, so Keynes, bei einer Preiserhöhung die Nachfrage nach Arbeit und kann diese Nachfrage auch bei konstantem Reallohn befriedigt werden, so liegt unfreiwillige Arbeitslosigkeit vor. Mit dieser Argumentation setzt Keynes zugleich den Hebel an die neoklassische Interpretation von Geldlohn (Nominallohn) und Reallohn.

Für Keynes zeigt sich demnach, dass ein konstanter Nominallohn (wie hier in unserem Beispiel) identisch sein kann mit einem sinkenden Reallohn. Beide bewegen sich also nicht automatisch in eine Richtung. Genau das aber sagt die Neoklassik. Für sie ist der Geldlohn lediglich der in Geld ausgedrückte Reallohn. Jede Geldmengenerhöhung hat automatisch eine Geldlohnerhöhung zur Folge. Der Reallohn wird davon nicht tangiert.

Keynes geht aber noch weiter in seiner Interpretation und zeigt, dass ja nicht der Reallohn Gegenstand von Lohnverhandlungen ist, sondern der Nominallohn. Der Reallohn ist das Ergebnis von Nominallohn und Preisniveau (Inflation), womit also die Arbeitnehmer (und damit ihre Organisationen, die Gewerkschaften) gar nicht über den Reallohn verhandelten. Damit ist die neoklassische Behauptung vom Tisch gewischt, nicht marktgerechte Reallöhne seien die Ursache für die Arbeitslosigkeit. Der Reallohn liegt gar nicht in der wirtschaftlichen Verfügung des Arbeiters, er ist das Produkt aus Geldlohn und Inflation (Preisniveau). In der wissenschaftlichen Sprache von Keynes heißt das, dass die Arbeiter der Geldillusion unterlägen.

Nach Keynes gibt es also in einer Marktwirtschaft durchaus unfreiwillige Arbeitslosigkeit – trotz korrektem Marktverhalten der Arbeitnehmer. Das provoziert und provozierte den Neoliberalismus. Schnell war die »natürliche Arbeitslosigkeit« aus der Taufe gehoben. Folgende Typen der Arbeitslosigkeit werden in den Lehrbüchern unterschieden: Saisonale Arbeitslosigkeit (Bauwirtschaft, Tourismus), friktionelle Arbeitslosigkeit (Zeit zwischen der Auflösung eines Beschäftigungsverhältnisses und dem Eintritt in eine neue Beschäftigung), konjunkturelle Arbeitslosigkeit (Nachfrageabschwächung im Konjunkturzyklus), strukturelle Arbeitslosigkeit (überhöhte Reallöhne, neue Technologien, neue Nachfragemuster, geänderte Qualifikationsanforderungen, Mobilitätsmangel). Die »natürliche Arbeitslosigkeit« ist nicht als das nicht reduzierbare Minimum an Arbeitslosigkeit zu verstehen, sondern wird als Arbeitslosigkeit verstanden, die in Übereinstimmung mit den real existierenden Bedingungen am Arbeitsmarkt ist. Nach Überzeugung des Neoliberalismus kann sie nur durch Deregulierung am Arbeitsmarkt gesenkt werden.

Gunnar Myrdal wies auf die »ideologische Nutzung des liberalen Naturrechtsbegriffs hin, der, beispielsweise in der Kategorie des ›Natürlichen‹, immer dann von der Wirtschaftstheorie reklamiert wurde, wenn irgendetwas behauptet wurde, ohne dafür Beweise liefern zu können«.[58]

4. Monetarismus: Die Geldbuben oder des Kaisers neue Kleider

Der Neoliberalismus als Monetarismus

Die Einsichten von Keynes hatten nicht lange Bestand. Die Konterrevolution wurde 1972 durch die Nobelpreisverleihung an John Hicks und Kenneth Arrow eingeleitet. Sie wurden für ihre Forschungen und Arbeiten auf den Gebieten der Allgemeinen Gleichgewichtstheorie und der Wohlfahrtstheorie gefeiert. Das war die offizielle Begründung.

Dieser Nobelpreis kommt nicht aus dem Vermögensfonds der Nobel-Stiftung, sondern wird von der schwedischen Reichsbank getragen. Seine Vergabe wirkt multiplikativ in die akademische Lehre und Forschung hinein.

John Hicks hatte die stromlinienförmige Anpassung der Keynesschen Einsichten an die heile Welt der Neoklassik betrieben. Er hatte Bausteine der Keynesschen Theorie wie aus einem Steinbruch entfernt und sie mit unbekümmertem Dilettantismus, aber profanem Interesse, in das Mausoleum der Neoklassik integriert. In der akademischen Lehre wurde dieser Zwitter *neoklassische Synthese* oder *neoklassischer Keynesianismus* genannt. Eine Nacherzählung lohnt nicht.

Der Zwitter überlebte nicht lange. Die 70er-Jahre schienen ausschließlich durch Stagflation geprägt. Der Begriff Stagflation bedeutet: Inflation plus Stagnation des Wirtschaftswachstums. Ein Auslöser waren die zwei Ölpreisschocks, d.h. der sprunghafte, nicht antizipierte Anstieg der Rohölpreise 1973 und 1977. In der Konsequenz führte die Stagflation wirtschaftspolitisch zur Abkehr vom Keynesianismus und damit zum Siegeszug des Monetarismus.

Mehr Markt, weniger Staat war der Schlachtruf, der die Attacke auf die Keynesschen Einsichten begleitete. Der Monetarismus war eine (wirtschafts)politisch gewollte Attacke gegen eine auch durch die Einsichten von Keynes geprägte Wirtschaftspolitik. Er ist in der Geschichte der Volkswirtschaftslehre ein Musterbeispiel dafür, wie aus einer wirtschaftspolitischen Interessenlage heraus eine akademische Lehre formuliert und benutzt wurde, um einseitige wirtschaftliche Interessen zu propagieren.

Der Erfolg blieb nicht aus. Auch in der akademischen Lehre an deutschen (Fach-)Hochschulen kam es zu einer Trendwende weg von keynesianisch beeinflussten Konzepten und Lehrinhalten wieder hin zu dem neoklassischen Gedankengut. Die Zunft bequemte sich sehr beflissen. Zwei Jahre später wurde der Nobelpreis für Wirtschaftswissenschaften an Friedrich A. Hayek vergeben.

Es war eine Zeit, in der im magischen Viereck der Wirtschaftspolitik nahezu aller westeuropäischen Staaten die Vollbeschäftigung als das relevante wirtschaftspolitische Ziel galt. Das Bestehen unfreiwilliger Arbeitslosigkeit unter den Bedingungen des Kapitalismus hatte Keynes nachgewiesen. Die Begründung wurde beiseite gewischt. Nun hieß es wieder: Wer arbeiten will, findet auch eine Arbeit.

Was bildete der theoretische Kern der Attacke? Nun, das ist schnell erzählt. Während die Politische Ökonomie und die Neoklassik grundsätzlich davon ausgehen, dass Geld, bezogen auf die realwirtschaftlichen Vorgänge, neutral ist, schlägt der Monetarismus eine regelgebundene Geldpolitik vor. Die vorgeschlagene Geldmengenregel besagt, dass die wie auch immer definierte Geldmenge mit einer konstanten jährlichen Rate wachsen soll, und die Zentralbank diese Wachstumsrate der Geldmenge garantieren muss. Es ist das Geldmengenziel. Wie die Geldmenge definiert wird und welche Rate vorgesehen ist, das sind fast schon Arbeitsbeschaffungsmaßnahmen für die akademische Forschung (gewesen).

Der Monetarismus ist kein stabiles und eigenständiges Theoriegebäude. Er ist im Kern der neoklassische Robinson Club, ergänzt mit der Behauptung, dass Geld, wenn es gesamtwirtschaftlich richtig eingesetzt wird, weiterhin keine Rolle in der ökonomischen Theorie und Praxis spielen wird.

Auch innerhalb des Konglomerats Monetarismus gibt es erheblich unterschiedliche Meinungen. Auch hier ist akademische Kleinstaaterei angesagt. Alle Duodezfürsten sind jedoch davon überzeugt, dass der private Sektor stabil sei. Ja, »langfristig beeinflussen monetäre Impulse lediglich das Preisniveau, während Produktion und Beschäftigung auf ihr ursprüngliches Niveau zurückkehren«, beten sie Milton Friedman nach. Damit ist der Monetarismus in den Gesichtskreis der Wirtschaftstheorie vor Keynes zurückgekehrt.

Monetarismus als Wirtschaftspolitik

Die wirtschaftspolitischen Empfehlungen liegen auf der Hand. Fiskalpolitische Maßnahmen zur Konjunktursteuerung seien nutzlos, im Gegenteil, die Selbststeuerung des Marktes hin zum Gleichgewicht werde gestört. Davon sei insbesondere der Arbeitsmarkt betroffen.

Somit schaden staatliche Reglementierungen und Eingriffe nur der freien Entfaltung der Marktkräfte. Es wird einer weitgehend gleichbleibenden Wachstumsrate der Geldmenge das Wort geredet, orientiert an der Wachstumsrate des Produktionspotenzials. Wachstum?

Auch hier reibt man sich die Augen. Es gibt keine gültige neoklassische Wachstumstheorie. Das, was im akademischen Unterricht gelehrt wird, ist schlechte Mathematik ohne theoretische, geschweige denn praktische Relevanz. Die neue Wachstumstheorie seit Mitte der 1980er-Jahre versucht, die Bestimmungsgrößen einer exogen vorgegebenen Wachstumsrate zu endogenisieren. Einen hohen Stellenwert dabei nimmt die Erklärung von technischem Fortschritt aus der Interaktion aller Marktteilnehmer ein. Konsistent und in sich schlüssig ist auch dieser Theoriebrocken nicht.

Wenn also weder die neoklassische noch die monetaristische Doktrin eine Wachstumstheorie haben, wie soll dann das richtige Wachstum der Geldmenge bestimmt werden? An welcher Größe soll es sich orientieren?

Insgesamt kann diesem Heilswahn namens Monetarismus eigentlich nur bescheinigt werden, dass keine Zentralbank bedeutender Länder in den letzten Jahren einer der monetaristischen Lehre sich zu verdankenden Konzeption gefolgt ist. Wie denn auch? Wenn man nicht einmal eine Antwort darauf weiß, was Geld ist, dann ist jede Behauptung, man könne mit der Geldmenge die Wirtschaft auf Kurs halten, schlicht Scharlatanerie. In der Praxis versagte denn auch diese einfache Daumenregel kläglich.

Was jedoch blieb und bleibt, ist die seit den 1990er-Jahren nunmehr aggressiv vertretene Botschaft. Es wird die Stabilität der Marktwirtschaft behauptet – ohne Rücksicht auf die durch und seit Keynes geleisteten Forschungen. Und die zweite implizite Aussage lautet, dass der öffentliche, der staatliche Sektor, weder effizient noch stabil sei.[59] Im Gegenteil, nur durch die konsequente Privatisierung öffentlicher sowie staatlicher Leistungen seien marktwirtschaftlich vernünftige Ergebnisse zu erwarten.

Diese Forderung nach weniger Staat war und ist keine tatsächlich bestehenden analytischen Einsichten geschuldete Überzeugung, sie war und ist eine wirtschaftspolitisch und – theoretisch überholte Forderung nach einer Neuauflage eines alten Weltbildes von der Wirtschaft.

Chile – das monetaristische Menschenlabor

Zentrum des Monetarismus war und ist die Chicagoer Schule, ihr bekanntester Kopf Milton Friedman. Wie unverfroren und wohl kalkuliert das neue Dogma, diese schlampige Neuauflage der Neoklassik für eine propagandistisch gut vorbereitete Wende in der Wirtschaftspolitik auf den Markt geworfen und eingesetzt wurde, zeigt das Beispiel Chile.

Ist Milton Friedman der Typ eines harmlosen Professors, dem es nur an der Erkenntnis der wissenschaftlichen Wahrheit gelegen war und ist?[60]

Friedman wird 1964 Wirtschaftsberater des erzkonservativen republikanischen Präsidentschaftskanditaten Barry Goldwater. Mehr und mehr wird er bekannt als Fachmann für Institutionen und Interessen wohlhabender Leute. Er bevorzugt rechtsextreme Regierungen, unterstützt das damalige Rhodesien und das Apartheid-Regime in Südafrika.

Am 11. September 1973 wird die demokratisch gewählte und legitime Regierung Chiles des Präsidenten Salvator Allende durch einen Putsch der Militärjunta unter der Führung von General Pinochet gestürzt. Ideologisch und logistisch wird dies unterstützt durch die US-amerikanische Regierung. Bis dahin hatten die Weltbank und der Internationale Währungsfonds jegliche Unterstützung für die Wirtschafts- und Sozialpolitik der Regierung Allende abgelehnt. Die chilenische Wirtschaftspolitik unter Allende war darauf ausgerichtet, einheimische Ressourcen wie das Kupfervorkommen im Sinne der Interessen des eigenen Landes zu nutzen. Gleichzeitig wurde der Sozialpolitik, der Unterstützung sozial Benachteiligter stärkere Aufmerksamkeit gewidmet.

Für Milton Friedman war das schlechte Wirtschaftspolitik. Ganz im Sinne der Weltbank und des Internationalen Währungsfonds forderte er ein anderes Finanz- und Währungsmanagement. Darunter verstand er eine in der Geschichte Chiles einmalige wirtschaftspolitische Schocktherapie, welche zur dramatischen Verschlechterung der wirtschaftlichen und sozialen Lage des Landes führte.

Der Internationale Währungsfonds drängte mit expliziter Unterstützung von Milton Friedman darauf, den Abbau der Reallöhne und der sozialen Leistungen zu beschleunigen. Nur so sei eine Stabilisierung der Wirtschaft und der Beschäftigung zu erreichen. Mehrmals weilt Friedman in Chile – unterstützt von der CIA.

In der Laudatio anlässlich der Verleihung des Nobelpreises 1976 an ihn hieß es, dass damit seine Verdienste um das Aufzeigen der Komplexität einer Stabilisierungspolitik gewürdigt werden. Eckpunkte der so gewürdigten komplexen Stabilisierungspolitik in Chile waren nach dem Putsch Wiedereinführung des Großgrundbesitzes, Verschleuderung nationaler Bodenschätze an internationale Konzerne und eine beispielslose Verelendung der Unter- und Mittelschichten.

»Der Putsch mit Willkür, Rechtlosigkeit und Terror waren die Quittung dafür, dass Allende nach den Wahlsiegen 1970 und 1973 die unter seinem christdemokratischen Vorgänger Frei begonnene Verstaatlichung großer Latifundien und ausländischen Besitzes fortgesetzt hatte. Die Oligarchie und die US-Regierung fürchteten ein zweites Kuba. Unter den Augen des amerikanischen Geheimdienstes CIA, der mit viel Geld das politische Chaos vorangetrieben und den Putsch mit vorbereitet hatte, wurden Hunderttausende Chilenen, die als Anhänger von Allendes Unidad Popular galten, ins Exil vertrieben, Zehntausende gefoltert und Tausende von ihnen ermordet.«[61]

»Laut Aussagen eines chilenischen Oberstleutnant im Ruhestand, Olagier Benaventa, sind in den Anfangsjahren des Regimes Pinochet die Leichen zahlreicher politischer Gefangenen aus Armeehelikoptern über Andengipfeln und über dem Meer abgeworfen worden. Fest steht auch, dass die Administration Nixon viel zur Unterstützung Pinochets tat. Die heutige US-amerikanische Administration beurteilt das Vorgehen zu jener Zeit kritisch, weist aber darauf hin, dass damals andere politische Voraussetzungen geherrscht hätten und es unangemessen sei, Vergangenes mit heutigem Kenntnisstand und modernen Kriterien zu beurteilen.«[62]

Zehn Tage nach dem Putsch erscheint in der *Frankfurter Allgemeinen Zeitung* die Anzeige: »Chile – jetzt investieren!« Der Chile-Repräsentant der Dresdner Bank erklärt am 28. September 1973 bei einem Aufenthalt in Mannheim, dass die Machtübernahme durch das Militär »bereits seit langer Zeit erhofft worden« sei. Die *Neue Westfälische Zeitung* bringt die Schlagzeile: »Putsch in Chile ist für Banken positiv – in Südamerika kann wieder investiert werden«, und die *Welt* schrieb: »Jetzt geht es wieder aufwärts.«[63]

1978 wird José Pinera unter Pinochet Minister für Arbeit und Soziales. Ihm und seinen Amigos aus dem Versicherungs- und Bankenkapital diente Chile als ideales Versuchslabor für soziale Experimente. Die Bedingungen waren günstig, es herrschte bis 1989 Diktatur.

Das chilenische Renten- und Krankenversicherungssystem wurde 1980 vollständig privatisiert. Bis auf Übergangsregelungen für ältere Arbeitnehmer ist seitdem nicht mehr der Staat, sondern ausschließlich die Privatwirtschaft für die Altersvorsorge zuständig. Diese Administratoras de Fondos de Pensiones (AFP) wurden weltweit von Banken und Versicherungen als »zukunftsweisendes Modell« gefeiert.[64]

Das chilenische Rentenmodell ist ein rein privates System, nur die Polizei und das Militär haben weiterhin ihre Versorgungskassen beim Staat – man will immerhin sie bei Laune halten. In den 1980er-Jahren teilten sich 25 Anbieter den Markt, heute ist ein Monopol entstanden. Drei Kapitalgruppen haben das Heft in der Hand: Provida und Santa Maria, die von ausländischem Kapital dominiert werden, sowie Cuprum mit chilenischem und ausländischem Kapital. Diese drei AFPs sind wahre Goldgruben geworden, ihr in Chile investiertes Kapital wirft einen Jahresgewinn von über 50 Prozent ab, auch noch in Zeiten, in denen sich der Andenstaat in einer tiefen Rezession befindet.

Die Faustregel heißt, dass vom Lohn 20 Prozent abgeführt werden: 7 Prozent gehen an die Krankenversicherung, 13 an die AFP. Der Arbeitgeber leistet keinen Beitrag, kann sich also über »Lohnnebenkosten« nicht beklagen. Von diesen 13 Prozent ziehen die Versicherer ihre Verwaltungsgebühren ab, der Rest landet auf einem individuellen Konto. Die Pensionskassen werden von ihren Betreibern gemanagt, von der Citibank, der Banco Santander und der US-Versicherung AIG, um nur die größten zu nennen.

Das Hauptproblem der privaten Altersversicherung ist, dass es von falschen Voraussetzungen ausgeht. Das Arbeitsrecht (nicht nur in Chile) erlaubt flexible Verträge, kaum jemand verfügt über einen gesicherten Arbeitsplatz. Die meisten sind scheinselbständig, jobben mal hier, mal dort, und die Löhne sind viel zu niedrig, um davon auch noch etwas an die privaten Rentenkassen abzuführen, denen man ohnehin nicht vertraut, dass sie später einmal die Ruhegelder auch wirklich auszahlen. Ein Experte: »Theoretisch sind 6 Millionen Bürger bei den AFP registriert, aber weniger als die Hälfte zahlt regelmäßig ein: Nur an die 40 Prozent. Um ein Anrecht auf eine Mindestrente zu erwerben, müssen 240 Monatsbeiträge entrichtet werden, das entspricht 20 Jahren. 60 Prozent werden nicht einmal eine Mindestrente erhalten.«[65]

Die Bedeutung der lateinamerikanischen Reformen als Referenz für Rentenreformer weltweit ist nicht zu unterschätzen. Der Boden für den rentenpolitischen Paradigmenwechsel war jedoch bereits viel früher bereitet worden. Friedrich A. Hayek, Milton Friedman, Gordon Tullock, Martin Feldstein, Peter Ferrara und andere Konservative hatten den Wohlfahrtsstaat schon lange kritisiert. In den 1970er- und 1980er-Jahren verstärkte sich die Debatte um die ökonomischen Folgewirkungen der US-Sozialversicherung. In den 1990er-Jahren schließlich bildete sich vor allem unter neoliberalen Ökonomen eine neue Rentenorthodoxie heraus, die eine Privatisierung staatlicher Rentensysteme und somit einen Übergang vom Umlage- zum Kapitaldeckungsverfahren für erforderlich hält. Dabei wird dem Negativmodell eines populistischen Wohlfahrtsstaates, der zur Ausweitung seiner Macht Sozialleistungen an privilegierte Interessengruppen verteilt, das Positivmodell eines subsidiären Staates gegenübergestellt, der den Löwenanteil sozialer Sicherung in private Trägerschaft überträgt und seine eigene Rolle auf eine Aufsichtsfunktion sowie eine zielgruppenorientierte Armutspolitik beschränkt.

Eine besondere Rolle bei der weltweiten Verbreitung der Ideen der neuen Rentenorthodoxie kommt der Weltbank zu, die im Jahre 1994 unter dem Titel *Averting the Old Age Crisis. Policies to Protect the Old and Promote Growth*[66] die Ergebnisse ihres zweijährigen Forschungsprojekts veröffentlichte. Bereits der programmatische Titel der Weltbankstudie macht deutlich, dass hier einem globalen rentenpolitischen Krisenszenario mit einer Strategie begegnet werden sollte, die nicht nur sozialpolitisch motiviert war, sondern auch wachstumspolitische Intentionen verfolgte. Konkret: Renditestarke Anlagemöglichkeiten für institutionelle und private Anleger. Im Hinblick auf mögliche Zielkonflikte stellte eine führende Weltbank-Theoretikerin klar, dass das Mehrsäulenmodell in erster Linie aus makroökonomischen Gründen eingeführt werden solle; eine bessere Erfüllung der Alterssicherungsfunktion bezeichnete sie als »zweitrangig«.[67]

Aktuell sind die privaten argentinischen Pensionskassen (Administradora de Fondos de Jubilaciones y Pensiones, AFJP) in der Bredouille: Ein beachtlicher Teil des Vorsorgekapitals ihrer Versicherten ist in Staatspapieren angelegt. Seit Dezember 2001 ist der argentinische Staat zahlungsunfähig. Somit winkt den Versicherten ein erheblicher Verlust ihres Rentenanspruches.

Europäische Staaten wie Polen, Ungarn und Russland sind dabei, ihr Rentenversicherungssystem mithilfe des chilenischen Vorbildes umzubauen. Sie haben da einen erfahrenen Berater: José Piñera, nun ist er seit Jahren als Projektleiter beim US-amerikanischen Cato Institut tätig. Dieses ist eine den Republikanern nahestehende Stiftung und macht hauptsächlich wegen seiner radikalen marktwirtschaftlichen Positionen und seiner Forderungen nach dem Rückzug des Staates aus der Wirtschaft von sich reden. Sie berät auch die US-amerikanische Regierung bei biotechnologischen Fragestellungen.

Des Kaisers neue Kleider

»Die Kammerherren, die das Recht hatten, die Schleppe zu tragen, griffen mit den Händen gegen den Fußboden, als ob sie die Schleppe aufhöben, sie gingen und taten, als hielten sie etwas in der Luft; sie wagten es nicht, es sich merken zu lassen, dass sie nichts sehen konnten. So ging der Kaiser unter dem prächtigen Thronhimmel, und alle Menschen auf der Straße und in den Fenstern sprachen: »Wie sind des Kaisers neue Kleider unvergleichlich! Welche Schleppe er am Kleide hat! Wie schön sie sitzt!« Keiner wollte es sich merken lassen, dass er nichts sah; denn dann hätte er ja nicht zu seinem Amte getaugt oder wäre sehr dumm gewesen. Keine Kleider des Kaisers hatten solches Glück gemacht wie diese. »Aber er hat ja gar nichts an!«, sagte endlich ein kleines Kind. »Hört die Stimme der Unschuld!«, sagte der Vater; und der eine zischelte dem andern zu, was das Kind gesagt hatte. »Aber er hat ja gar nichts an!« rief zuletzt das ganze Volk. Das ergriff den Kaiser, denn das Volk schien ihm Recht zu haben, aber er dachte bei sich: ›Nun muss ich aushalten.‹ Und die Kammerherren gingen und trugen die Schleppe, die gar nicht da war.«[68]

5. Wirtschaftspolitische Kampfbegriffe

Kampfbegriffe sind Worte, Begriffe, Redewendungen oder Schlagworte, die in öffentlichen Diskussionen genutzt werden, um die Öffentlichkeit von eigenen Anliegen zu überzeugen, oder die Öffentlichkeit gar zu überrumpeln. Kampfbegriffe sind immer und stets unpräzise. Sie zu entzaubern bedarf einer Gegenstrategie präziser Begrifflichkeiten.

»Flexibilität des Arbeitsmarktes«

Mehr Gewinne, mehr Investitionen, mehr Wachstum, mehr Arbeitsplätze: Wir kennen diese Stammtischweisheit, die vielen Menschen einsichtig erscheint, da sie einfach und simpel formuliert ist. Was sagt die Praxis dazu? In dem Kommentar »Am Arbeitsmarkt vorbei. Trotz der Blüte geht im Maschinenbau weiter Beschäftigung verloren« werden die Konditionen des Arbeitsmarktes als sehr gut eingestuft: »Die (Arbeits-)Produktivität ist 2005 um 5 Prozent gestiegen, was eine Tariflohnerhöhung von 3 Prozent allemal tragbar erscheinen lässt. Die Lohnstückkosten, die Lohnkosten je Bruttowertschöpfungseinheit, sind um 3 Prozent gesunken.« Somit sei es

»besorgniserregend, dass nun in Zeiten der Blüte per Saldo Beschäftigung verlorengeht«.[69] Es gibt also mehr Gewinn, mehr Investitionen, aber weniger Arbeitsplätze.

Der Verfasser eines Artikels, der sich mit der Versicherung unseres Lebens befasst, kommt zu dem Schluss: »Der lebenslange Arbeitsplatz ist Geschichte. Die meisten Menschen haben gebrochene Erwerbsbiografien. Mal sind sie in fester Anstellung, mal freiberuflich tätig. Dazwischen liegen freiwillige Auszeiten oder Phasen der Arbeitslosigkeit.«[70] Eine sympathisch anmutende Autonomie klingt hier auf. Wie wird dieser Sachverhalt von prominenter Stelle aus wahrgenommen?

Der deutsche Bundesbankchef Axel Weber meinte in einem Interview: »Das Problem in Europa mit dem sich abzeichnenden Wachstum ist nicht so sehr ein konjunkturelles Phänomen, sondern wir haben das Problem, dass wir in Europa zu niedrige Wachstumspotenziale haben, zu niedrige langfristige Wachstumsaussichten. [...] Und vor diesem Hintergrund sind [...] Arbeitsmarktreformen und Konsolidierung der Haushalte wichtige Politikbestandteile.«[71] Mangelnde Arbeitsmarktreformen sind demnach für die Deutsche Bundesbank eine der Hauptursachen dafür, dass die Wachstumsaussichten gering sind.

Weniger Wachstum wird in einer kapitalistisch verfassten Marktwirtschaft als weniger Wohlstand definiert. Gesamtwirtschaftlich hohe beziehungsweise steigende Arbeitslosigkeit soll also bedeuten, dass die Wachstumsmöglichkeiten zur Verbesserung des allgemeinen Lebensstandards nicht ausgeschöpft werden. Damit wird behauptet und unterstellt, dass der Arbeitsmarkt entscheidend ist für die Entwicklung des Bruttoinlandsproduktes und seines Wachstums. Es wird also eine Hierarchie unterstellt, in der oben der

Arbeitsmarkt steht, dessen Verfassung und Funktionsweise das Schicksal der Gesamtwirtschaft bestimmt. Das ist auch das Verständnis der Deutschen Bundesbank. Ein Nicht-Funktionieren des Arbeitsmarktes ist für sie gleichbedeutend mit einem suboptimalen Bruttoinlandsprodukt. Oder andersherum formuliert: das Produktionspotenzial eines Landes kann nicht ausgeschöpft werden, da der Arbeitsmarkt starr und unflexibel ist. Der Arbeitsmarkt erweist sich als Wachstumsblocker.

Dieser behauptete Wirkungszusammenhang ist expliziter Bestandteil der neoklassischen Makroökonomie. Schauen wir uns dieses durch die Bundesbank in Anspruch genommene Modell an. Es besteht einmal aus dem Arbeitsmarkt, auf dem der Produktionsfaktor Arbeit angeboten und nachgefragt wird. Zum anderen besteht es aus der gesamtwirtschaftlichen Produktionsfunktion, mit der die Höhe der gesamtwirtschaftlichen Produktion in Abhängigkeit vom Arbeitsmarkt ermittelt wird. Dabei lassen wir außer Acht, dass die übliche Unterscheidung zwischen Konjunktur und Wachstum nicht haltbar ist.

Die Neoklassik kennt nur eine Wachstumstheorie. Keynes generierte eine Konjunkturtheorie, die er nur ansatzweise als Bestandteil einer sehr grob skizzierten Wachstumstheorie zu konzipieren verstand.

In der neoklassischen Arbeitsmarkttheorie sollen die Löhne als Preise für Arbeitsleistungen die Steuerungsfunktion am Arbeitsmarkt ausüben. Der entscheidende Input-Faktor für den Output der Produktionsfunktion, das Bruttoinlandsprodukt, ist der Faktor Arbeitsleistungen. In der Neoklassik entscheidet sich somit das Wohl und Wehe der Gesamtwirtschaft auf dem Arbeitsmarkt. Gewinne und Profite spielen da keine Rolle.

Wie begreift die neoklassische Makroökonomie den Arbeitsmarkt? Wie analysiert sie ihn? Er ist das Ergebnis der aggregierten Arbeitsnachfragefunktionen der Unternehmen und der aggregierten Arbeitsangebotsfunktionen der Haushalte. Der makroökonomische Arbeitsmarkt besteht demnach aus einem gesamtwirtschaftlichen Haushalt und einem gesamtwirtschaftlichen Unternehmen.

Das Arbeitsangebot wird durch Nutzenerwägungen der Wirtschaftssubjekte begründet. Arbeit verursacht Leid statt Nutzen, daher muss ein Wirtschaftssubjekt für seine Arbeitszeit entlohnt werden. Dies kann auch als Kompensation für die entgangene Freizeit aufgefasst werden. Je höher die Entlohnung, desto größer ist nach neoklassischer Interpretation des mathematischen Modells das Arbeitsangebot.

Wie wird die Nachfrage dem Produktionsfaktor Arbeit erklärt? Ziel des repräsentativen Unternehmens ist die Erwirtschaftung eines maximalen Gewinns im Rahmen der durch die (neoklassische) einzelwirtschaftliche Produktionsfunktion gegebenen Produktionsmöglichkeiten. Die Input-Regel für den Produktionsfaktor Arbeit besagt, dass die für das Unternehmen optimale Beschäftigung so zu wählen ist, dass die Grenzproduktivität der Arbeit, also die Änderung der Produktionsmenge, die sich bei einer unendlich kleinen Änderung des Einsatzes des Produktionsfaktors Arbeit und Konstanz des Produktionsfaktors Kapital ergibt, gleich dem Reallohnsatz ist. Da mit steigendem Arbeitseinsatz diese Grenzproduktivität jedoch geringer wird, bedingt durch die Eigenschaften der neoklassischen Produktionsfunktion, fällt die zusätzliche Beschäftigung um so geringer aus, je höher der Reallohnsatz ist. Steigt der Reallohnsatz, dann sinkt die Nachfrage nach Arbeit. Sinkt der Reallohnsatz, dann steigt die Nachfrage nach Arbeit. Entsprechend der gegebenen Definitionen herrscht dann ein Gleichgewicht auf dem Arbeitsmarkt, wenn Angebot und Nachfrage gleich sind.

Das Ergebnis aller produzierenden Tätigkeiten einer Volkswirtschaft beschreibt die neoklassische Makroökonomie mit einer sogenannten gesamtwirtschaftlichen Produktionsfunktion: einem Phantom. Sie wird als Zusammenhang zwischen Input und Output definiert. Input und Output können zwei Dimensionen haben. Entweder werden sie als physische Größen beschrieben, die mithilfe von Techniken von einem Input zu einem Output werden. Das bedeutet, dass jeder eingesetzte Input in Mengenangaben formuliert sein muss. Das bedeutet wiederum, dass der Input für das Bruttoinlandsprodukt als eine ungeheure Menge von Gütern und Ressourcen verstanden werden muss, wovon jedes Gut und jede Ressource in ihrer jeweiligen Maßeinheit formuliert wird. Das können Tonnen, Ampère, Kubikmeter oder sonstige Maßeinheiten sein. Was ist dann der Output? Richtig, ein einziger Brei. Denn das Bruttoinlandsprodukt, der Output, ist nach dem Verständnis der neoklassischen Makroökonomie eine Größe, ein Gut, ein physisch gesamtwirtschaftliches Gut also. Das neoklassisch makroökonomische Verständnis einer Produktionsfunktion, die zugleich das Zustandekommen des Bruttoinlandsproduktes darstellen soll, beschreibt technische Beziehungen zwischen physischen Größen.

Das kann keine analytische und hinreichende Beschreibung von volkswirtschaftlichen Vorgängen sein. Aber so wird es heute immer wieder durch neoklassische Makroökonomie behauptet. In den späten 1960er- und frühen 1970er-Jahren war das Wissen um das Scheitern der neoklassischen Makroökonomie Gemeingut. Das Stichwort dafür war die »Kapitalkontroverse«. Heute herrscht sie wieder, die neoklassische makroökonomische Produktionsfunktion.

Die andere Dimension, die Inputs und Output haben, ist die des Werts, aber diese Dimension beherrscht die neoklassische Makroökonomie nicht.

Betrachten wir den Zusammenhang zwischen Produktionsfunktion und Arbeitsmarkt genauer. Unternehmen produzieren mit dem Einsatz der Produktionsfaktoren Arbeit, Kapital und Boden. (Die Gleichsetzung von Kapitalgütern, hier Maschinen und Anlagen, die reproduzierbar sind, mit der natürlichen Ressource Boden, der begrenzt auf dem Raumschiff Erde verfügbar und nicht reproduzierbar ist, gehört auch zu den bemerkenswerten Simplifizierungen durch die Neoklassik. Sie hat die Politische Ökonomie von Adam Smith und David Ricardo bewusst damit verstümmelt.) Den Zusammenhang zwischen Input und Output beschreibt eine Produktionsfunktion $Y = F(N, K)$, wobei Y den Output darstellt, N die geleisteten Arbeitsstunden und K den Kapitalbestand. In der makroökonomischen Abstraktion ist das Kapital ein homogenes Gut, das mit dem produzierten Gut identisch ist. Der gesamtwirtschaftliche Output kann also nach neoklassischer Interpretation als Konsumgut oder als Investitionsgut verwendet werden. Das ist ein abenteuerliches Verständnis des Bruttoinlandsproduktes (BIP). So ist beispielsweise der Input für das BIP Kohle, der Output ist dann auch Kohle. Die Höhe des Kohlebergs, also des Bruttoinlandsproduktes, ist dann direkt abhängig von dem Einsatz des Produktionsfaktors Arbeit. Die Struktur und Höhe des Bruttoinlandsproduktes lässt sich also so kaum verstehen.

Müssen Arbeitslose sein? Spontan ist man sich schnell einig: Nein, Arbeitslosigkeit muss nicht sein. Uneinigkeit folgt dann aber, wenn es um die Mittel und Wege der Abschaffung von Arbeitslosigkeit geht. Trotz des eindeutigen Beweises, dass die Lohnhöhe nicht das

Kriterium für die Entwicklung des Bruttoinlandsproduktes sein kann, wird jede Forderung von Arbeitnehmern und ihren Vertretungen nach einer Erhöhung des Nominallohnes, also des Geldlohns, der tatsächlichen Summe des Lohnes, als falsche Lohnpolitik gegeißelt. Die Form, wie das geschieht, variiert. Grundlage jedoch ist die Überzeugung, mit dem oben geschilderten Zusammenhang zwischen Arbeitsmarkt und Bruttoinlandsprodukt die richtige und zutreffend analytische Grundlage zur Hand zu haben.

So schlagen beispielsweise die deutschen Wirtschaftsweisen des Sachverständigenrats zur Bekämpfung der Arbeitslosigkeit vor, die Lohnsteigerungen tiefer als das Produktivitätswachstum anzusetzen. Wie sieht die Argumentation im Einzelnen aus? Exemplarisch soll ein Vertreter des Fachs und ehemaliges Mitglied des Sachverständigenrates, Horst Siebert, hier ausführlich zu Worte kommen, da von ihm nahezu mustergültig der oben von der Deutschen Bundesbank behauptete Zusammenhang formuliert wird.

»Was antwortet der Ökonom auf die Frage: Müssen Arbeitslose sein? Antwort: Ja, Arbeitslose müssen sein, wenn die Anreize in einem Wirtschaftssystem falsch gesetzt und wenn die institutionellen Regeln falsch konzipiert sind. Eine Reform muss zunächst an der Lohnpolitik ansetzen. [...] Eine hohe Arbeitslosenquote erhöht die gesamtwirtschaftlich gemessene *Arbeitsproduktivität.* Je weniger Personen beschäftigt sind, umso höher ist deren *Produktivität.* Auch die hohe Arbeitslosigkeit in Ostdeutschland treibt die gemessene *Produktivität* nach oben.[72] Vonnöten sind moderate Lohnabschlüsse. [...]

Den Tarifvertragsparteien ist das Recht gegeben worden, die Löhne festzusetzen. Es wurde leider kein Mechanismus institutionalisiert, durch den sie auch für die von ihnen mitverursachte Arbeitslosigkeit verantwortlich gemacht werden könnten. Die wirtschaftspolitische Aufgabe muss deshalb lauten, die Lohnfindung an den Marktprozess heranzuführen. [...]

Ein zweiter Ansatzpunkt liegt in der Herabsetzung des Anspruchslohns. Derzeit erwartet ein Arbeitsloser in Deutschland von seinem nächsten Job das 1,2-fache dessen, was er vorher verdient hat. Diese Erwartung, die mit der Ausgestaltung von Arbeitslosengeld, Arbeitslosenhilfe und Sozialhilfe zusammenhängt, reduziert die Bereitschaft, einen Arbeitsplatz anzunehmen. [...]

Arbeitslose müssen nicht sein, wenn die hier aufgezeigten Reformen ernsthaft angegangen werden. Der Reformbedarf ist allerdings riesig, und er geht über die Reform des Arbeitsmarktes und der sozialen Sicherung hinaus. Deutschland muss die wirtschaftliche Dynamik wiederfinden. Dazu bedarf es einer fundamentalen Umorientierung der Politik in zahlreichen Bereichen: Die Universitäten sollten aus der staatlichen Umklammerung befreit und nach dem Wettbewerbsprinzip organisiert werden.«

In einer weiteren Stellungnahme fragte das Wirtschaftsmagazins *Money:* »Für die Lohnhöhe sind die Tarifpartner verantwortlich. Die Gewerkschaften leugnen zwar den Zusammenhang zwischen Lohnhöhe und Arbeitslosigkeit. Diese fundamentale Gesetzmäßigkeit wird aber von allen ernst zu nehmenden Ökonomen konstatiert. Lügen Gewerkschafter oder sind sie dumm?« Darauf die pointierte Antwort des Wirtschaftswissenschaftlers: »Sie können nicht anders. Die Arbeitslosigkeit ist praktisch ihr Erfolgsausweis. [...] Die Gewerkschaften sind ein Kartell derjenigen, die Arbeit haben. Und wie jedes Kartell dient es dazu, überhöhte Preise durchzusetzen. Würden sich die Löhne frei nach dem Gesetz von Angebot und Nachfrage bilden, gäbe es keine Arbeitslosigkeit. Es stellt sich im Gleichgewicht eine bestimmte Lohnhöhe ein, die den

Markt räumt. Das Kartell dient dazu, einen höheren als den Gleichgewichtspreis durchzusetzen. Ist der Lohn höher, werden Arbeitskräfte, deren Beschäftigung sich für den Unternehmer nicht mehr lohnt, entlassen oder gar nicht erst eingestellt. Es entsteht Arbeitslosigkeit. An der Zahl der Arbeitslosen kann der Gewerkschafter ablesen, dass der Preis für Arbeit, den er durchgesetzt hat, höher war als derjenige, der sich ohne sein Zutun ergeben hätte. So gesehen ist jeder Arbeitslose mehr ein Orden mehr an der Brust des Gewerkschafters. [...] Es gibt (also) nur einen einzigen Weg: Die Macht der Gewerkschaften muss gebrochen werden.«[73]

Für die gravierenden wirtschaftlichen Probleme wird keine nachvollziehbar wirtschaftswissenschaftliche Lösung angeboten, ja eine solche wird nicht einmal im vorgegebenen akademischen Rahmen als erörterungswürdig angesehen. Diese analytische Hilflosigkeit wird im Gegenteil beherzt, wie hier gezeigt, von einem beamteten Lehrstuhl aus, in die Forderung umgemünzt, dass die, die ohnehin am kürzeren Hebel sitzen, auch noch die Zeche für die wirtschaftliche Situation und die analytische Inkompetenz zu zahlen haben. Das scheint auch den wenigen akademischen Vertretern der Zunft, die arbeitnehmerorientiert forschen und lehren, noch nicht ins Bewusstsein gedrungen zu sein. Ansonsten wäre diese Forderung nach einer Flexibilisierung des Arbeitsmarktes als die analytische Lösung für Wachstums- und Beschäftigungsprobleme bislang energischer zurückgewiesen worden.

Bestimmt und konsequent ist das bereits vor 150 Jahren durch Karl Marx geschehen: »Ich könnte mich auf die praktische Beobachtung berufen, um Zeugnis abzulegen gegen diesen längst überholten und widerlegten Trugschluss. Ich könnte darauf hinweisen, dass die englischen Fabrikarbeiter, Bergleute, Schiffbauer usw., deren Arbeit relativ hoch bezahlt wird, durch die Wohlfeilheit ihres Produkts alle andern Nationen ausstechen, während z.B. den englischen Landarbeiter, dessen Arbeit relativ niedrig bezahlt wird, wegen der Teuerkeit seines Produkts fast jede andre Nation aussticht. Durch Vergleichung zwischen Artikeln ein und desselben Landes und zwischen Waren verschiedener Länder könnte ich – von einigen mehr scheinbaren als wirklichen Ausnahmen abgesehen – nachweisen, dass im Durchschnitt hochbezahlte Arbeit Waren mit niedrigem Preis und niedrig bezahlte Arbeit Waren mit hohem Preis produziert. Dies wäre natürlich kein Beweis dafür, dass der hohe Preis der Arbeit in dem einen und ihr niedriger Preis in dem andern Fall die respektiven Ursachen so diametral entgegengesetzter Wirkungen sind, wohl aber wäre dies jedenfalls ein Beweis, dass die Preise der Waren nicht von den Preisen der Arbeit bestimmt werden. Indes ist es ganz überflüssig für uns, diese empirische Methode anzuwenden.«[74]

Worauf kann sich also die Deutsche Bundesbank bei ihren analytischen Überlegungen zum Arbeitsmarkt stützen? Kurz und knapp: nicht auf neoliberale, genauer neoklassische Konzepte. Die Forderungen nach Lohnzurückhaltung sind wirtschaftswissenschaftlich nicht haltbar. Die Flexibilisierung des Arbeitsmarktes, die Forderung danach, ist ein Kampfbegriff. Der martialische Begriff *Industrielle Reservearmee* von Karl Marx reflektiert den Sachverhalt dagegen korrekt.

»Lohnnebenkosten«

Die behauptete Misere der deutschen Wirtschaft besteht jedoch nicht nur alleine in der mangelnden *Flexibilität des Arbeitsmarktes,* die Wettbewerbsfähigkeit der deutschen Wirtschaft ist darüber hinaus gefährdet durch jene Arbeitskosten, die eigentlich keine seien: die Lohnnebenkosten. Sie sind Bestandteil des Bruttolohns beziehungsweise des Bruttogehalts. Es gibt also einen Lohn, der für geleistete Arbeit gezahlt wird. Darüberhinaus gibt es Kosten, die mit einem Entgelt für geleistete Arbeit nichts zu tun haben. So suggeriert es der Begriff.

Wie werden Lohnnebenkosten definiert? Unter den sogenannten Lohnnebenkosten versteht man einmal die tariflich vereinbarten Zuschläge. Darunter fallen zum Beispiel Urlaubsgeld, 13. Monatsgehalt, Leistungen zur betrieblichen Altersversorgung und Erfolgsbeteiligungen. Dazu kommen die gesetzlich festgeschriebenen Zuschläge wie die Beiträge zur Sozialversicherung. Diese tariflich und gesetzlich vereinbarten Zuschläge fallen neben dem eigentlichen Lohn oder Gehalt eines Arbeitnehmers, fast könnte man sagen unnötigerweise, an.

Für Unternehmen und ihre Interessenvertretungen sind bekanntermaßen hohe Lohnkosten für wirtschaftliche Schieflagen, Krise und Arbeitslosigkeit verantwortlich. Wenn also die Arbeit billiger wäre, dann würden mehr Menschen in Lohn und Brot kommen. Somit sind die Forderungen der Unternehmen nachvollziehbar, die Beiträge der Arbeitgeber zu den Sozialversicherungen der Beschäftigten zu senken. Das ist der Schlüssel zur Senkung der Lohnnebenkosten und zum Abbau der Arbeitslosigkeit, so die Unternehmen.

Das Deutsche Bundesministerium für Gesundheit stellt es in seinem *Glossar zur Gesundheitsreform* so dar: »Die Sozialversicherungsbeiträge – also die Beiträge zur gesetzlichen Kranken-, Renten-, Arbeitslosen- und Unfallversicherung sowie zur sozialen Pflegeversicherung – werden prinzipiell zur Hälfte vom Arbeitgeber getragen. Steigende Sozialversicherungsbeiträge führen also zu höheren Arbeitskosten und belasten nicht nur die Arbeitnehmer, sondern auch die Arbeitgeber. In parteiübergreifenden Gesprächen zur Gesundheitsreform 2003 wurde beschlossen: Die Betriebe müssen von Lohnnebenkosten entlastet werden.«[75]

Der in Deutschland seit 2005 von den Mitgliedern der gesetzlichen Krankenversicherung (GKV) zusätzlich erhobene Beitragssatz in Höhe von 0,9 Prozent der beitragspflichtigen Bruttoeinnahmen wird von den Arbeitgebern sowie den Rentenversicherungsträgern nicht mitgetragen. Das ist für das Ministerium ein Grund zur Freude. Die Verringerung der Lohnnebenkosten soll die Betriebe um Milliarden Euro entlasten. Und das ist auch für das Ministerium Anlass für die Überzeugung, dass in Zeiten hoher Arbeitslosigkeit ein wichtiger Impuls für die Belebung des Arbeitsmarktes und zur Schaffung neuer Stellen gegeben wurde. Eine belebende Botschaft aus dem Ministerium, das für Gesundheit zuständig ist.

Wie reagieren die darauf, welche die Interessen derjenigen vertreten, welche Lohnnebenkosten verursachen, die Gewerkschaften?

Die gewerkschaftliche Argumentation begreift die Nebenkosten des Lohnes als Nachfragebestandteil. Das wird jedoch gleichzeitig selber wieder dadurch zurückgenommen, dass versucht wird, die Lohnnebenkosten herunterzurechnen. Das verträgt sich nicht ganz mit der Argumentation, dass Lohnnebenkosten eben auch Nachfragebestandteil seien. Dies zusammengenommen führt zu der Frage, ob es Lohnnebenkosten überhaupt gibt. Oder sind sie einfach normaler und nachvollziehbarer Bestandteil der Lohnkosten?

Betrachten wir die Sache genauer. Die Haltung der Gewerkschaften in der Debatte um die Lohnnebenkosten ist die exakte Entsprechung ihrer konjunktur- und beschäftigungspolitischen Position. Sie argumentieren, dass die Lohnnebenkosten Teil des Arbeitslohns sind. Senkung der sogenannten Lohnnebenkosten heißt für die Gewerkschaften Senkung von Löhnen. Löhne sind in einer Marktwirtschaft einzelwirtschaftlich gesehen Kosten, gesamtwirtschaftlich einer der wichtigsten Nachfragebestandteile. Wenn beispielsweise ein Unternehmen wie die Volkswagen AG in Wolfsburg die Löhne senkt, kann das, ceteris paribus betrachtet, eine Kostenentlastung darstellen. Gesunkene Löhne als Nachfrageausfall betrifft beispielsweise die gesamte Wirtschaft von Wolfsburg, weil der private Konsum aufgrund sinkender Lohn- und Gehaltseinkommen sinkt.

So ist es nur verständlich, dass für die Gewerkschaften die Lohnnebenkosten eindeutig Kaufkraft sind. Tatsächlich ist es für sie also gleich, ob man die Lohnnebenkosten oder gleich die Löhne senkt. »Die Forderung nach Senkung von Lohnnebenkosten als Mittel für mehr Beschäftigung und Wachstum erscheint jedoch nur aus einzelbetrieblicher Sichtweise logisch. Sobald man die gesamtwirtschaftlichen Folgen einbezieht wird klar: Löhne sind nicht nur Kosten. Sie bestimmen gleichzeitig die gesamtwirtschaftliche Nachfrage. Ebenso wie sinkende Löhne vermindern sinkende Lohnnebenkosten die gesamtwirtschaftliche Nachfrage. Die Beiträge zur Sozialversicherung fließen über die Sozialversicherungen direkt in Form von Arbeitslosengeld oder Renten den Haushalten zu, die damit ihre Nachfrage finanzieren. Oder mit ihnen werden Sachleistungen wie Rollstühle oder Krankenhausaufenthalte finanziert. Kürzungen führen also sofort zu Einschnitten bei der Binnennachfrage. Die Politik versagt, wenn sie die einzelbetriebliche Sichtweise schlicht auf die Gesamtwirtschaft überträgt. Die Forderung nach Senkung von Lohn(neben)kosten nimmt eine weitere Senkung der

Binnennachfrage und damit eine Reduzierung der Absatzmöglichkeiten der Unternehmen im Inland in Kauf.«[76] Die Botschaft ist deutlich, zu niedrige Löhne bedeuten zu schwache Binnennachfrage. Dabei fühlen sie sich unterstützt auch durch Wirtschaftsforschungsinstitute wie das Deutsche Institut für Wirtschaftsforschung (DIW).[77]

Nach Ansicht der Gewerkschaften beruht die Behauptung von hohen Lohnnebenkosten außerdem auf zweifelhaften Zahlenspielen. Die Behauptung, die Lohnnebenkosten in Deutschland seien zu hoch und würden weiter steigen, ist laut Wirtschafts- und Sozialwissenschaftlichem Institut (WSI) in der Hans-Böckler-Stiftung als Mär widerlegt. Eine WSI-Studie zeigt, dass die immer wieder genannten Zahlen auf fragwürdigen Rechenkonzepten basieren. Tatsächlich liegen die Lohnnebenkosten seit 1988 trotz der deutschen Einigung fast unverändert bei ca. 46 Prozent – und nicht wie insbesondere von Arbeitgeberseite behauptet bei 82 Prozent.[78]

Die genannten 82 Prozent, die als Lohnzusatzkosten bei den Unternehmen angegeben werden, beruhen auf einem »rechnerischen Konstrukt, das weder in der betrieblichen Kostenstatistik noch in der Volkswirtschaftlichen Gesamtrechnung in Gebrauch oder von Bedeutung ist. Dieses kommt zustande, indem von dem an die Beschäftigten ausgezahlten Arbeitseinkommen alle Bestandteile für Zeiten von Urlaub, Krankheit, gesetzliche Feiertage abgezogen und zu den Nebenkosten gezählt werden – und zwar zusätzlich zu gesetzlichen Sozialversicherungsbeiträgen, tariflichen Sonderzahlungen und betrieblichen Sozialleistungen im engeren Sinne. Im Ergebnis macht das so gekürzte Entgelt für geleistete Arbeitszeit nur noch 80 Prozent des tatsächlich ausgezahlten Lohnes aus und nur noch 55 Prozent aller faktisch angefallenen Lohnkosten zusammen.

Gleichzeitig aber wachsen automatisch die Anteile aller echten und unechten Lohnnebenkosten, wenn dieses bereinigte Entgelt als Referenzbasis zu 100 Prozent gesetzt wird. Wählt man dagegen den an die Beschäftigten ausgezahlten laufenden Monatslohn (ohne anteilige Sonderzahlungen) als Grundlage, so machen die Lohnnebenkosten nur 46 Prozent aus.«

Zwar stammt gemäß der WSI-Studie die letzte amtliche Erhebung der Nebenkosten für Deutschland aus dem Jahr 1996. Doch gibt es für eine spürbare Veränderung der Kostenniveaus bis heute keine Anzeichen. Stattdessen aber wachsen die Bedenken gegen das Erhebungs- und Berechnungskonzept. Die dem Entgelt für geleistete Arbeitszeit zugrunde liegende internationale Konvention, die auch vom Statistischen Bundesamt genutzt wird, ist vor Jahrzehnten getroffen worden, um Arbeitskosten international vergleichbar zu machen. Aber schon von Anfang an krankte die Vergleichbarkeit daran, dass nur beitragsfinanzierte, nicht aber steuerfinanzierte öffentliche Sozialleistungen erfasst werden können. In Ländern, die einen hohen oder sogar überwiegenden Teil ihrer Sicherungssysteme mit Steuern finanzieren, werden die Lohnnebenkosten systematisch zu niedrig ausgewiesen.

Schließlich leidet die Aussagekraft der deutschen Arbeitskosten daran, dass sie nur auf Basis von rund 10 Prozent aller Beschäftigten aus überwiegend industriellen Bereichen erhoben werden. Die meisten Dienstleistungsbereiche werden mit dem Konzept nicht erfasst.

All dies sind Gründe für das gewerkschaftliche Institut, nach einem neuen Erhebungs- und Berechnungskonzept für Lohnnebenkosten zu suchen. In der vom WSI vorgelegten Studie werden einige Vorschläge für ein solches neues Konzept gemacht. »Mit ihm würde sich auch die irreführende Polemik unterbinden lassen, die mit dem alten Konzept bis heute betrieben wird«, so der WSI-Forscher.[79] Das ist nett gesagt, aber geht an der eigentlichen Zielsetzung des etablierten Kampfbegriffs Lohnnebenkosten schlicht vorbei.

Wenn es ein Unwort der letzten Jahre geben sollte, Lohnnebenkosten gebührte einer der ersten Plätze. Lohnnebenkosten ist gleichfalls ein schillernder Kampfbegriff, wissenschaftlich nicht unterfüttert und somit gerade ideal, um gewollte Unschärfen wirtschaftspolitischer Begriffe exemplarisch transparent zu machen.

Es gibt Kosten. Die sind betriebswirtschaftlich klar definiert: Kosten stehen betriebswirtschaftlich gesehen für den bewerteten Verbrauch an Produktionsfaktoren, welche zur Erstellung der betrieblichen Leistung notwendig sind. Die Bewertung erfolgt in Geldeinheiten. Der Faktorverzehr kann in Form von Gütern, Dienstleistungen, Arbeitskraft und Rechten erfolgen.

Es gibt also keine Unkosten, auch wenn zuweilen ein solcher Beitrag erhoben werden will. Dann gibt es aber auch keine Nebenkosten, denn der Faktorverzehr erfolgt bewertet in Geldeinheiten. Für die Arbeitskraft gibt es also keine Lohnnebenkosten.

Deputate, Arbeitsentgelte in Form von Sachleistungen (Naturallohn), die neben dem Barlohn gewährt werden, sind auch heute gängig. Ein klassisches Beispiel ist die private Nutzung des Geschäftswagens, die als Einkommensbestandteil versteuert werden muss. Deputate sind heute noch vorwiegend in der Land- und Forstwirtschaft, im Bergbau und im Brauereiwesen üblich. Da wird also der Verzehr des Faktors Arbeitskraft in einer Mischung von Naturallohn und Barlohn bewertet und entgolten. Doch auch beispielsweise die Nutzung von Wohnungen ist Bestandteil des Arbeitslohnes, des Gehaltes. Die Wirtschaftswissenschaft kann hier sogar vom Steuerrecht lernen: »Nutzt eine Arbeitnehmerin aufgrund eines von einem Dritten unentgeltlich eingeräumten Wohnungsrechts eine Wohnung, stellt der Nutzungsvorteil Arbeitslohn dar, wenn er sich als Ertrag der Arbeit erweist.«[80]

Die sogenannten Lohnnebenkosten sind Bestandteil des Werts der Arbeitskraft. Das lässt sich mit anderen Berechnungsmethoden kaum präziser beschreiben. Es gibt notwendige, historische und moralische Faktoren, die den Wert der Arbeitskraft bestimmen. Dazu gehören die Lebensmittel. »Die natürlichen Bedürfnisse selbst, wie Nahrung, Kleidung, Heizung, Wohnung usw., sind verschieden je nach den klimatischen und anderen natürlichen Eigentümlichkeiten eines Landes. [...] Die durch Abnutzung und Tod dem Markt entzogenen Arbeitskräfte müssen zum allermindesten durch eine gleiche Zahl neuer Arbeitskräfte beständig ersetzt werden. Die Summe der zur Produktion der Arbeitskraft notwendigen Lebensmittel schließt also die Lebensmittel der Ersatzmänner ein, d. h. der Kinder der Arbeiter, sodass sich diese Rasse eigentümlicher Warenbesitzer auf dem Warenmarkte verewigt. [...] Um die allgemein menschliche Natur so anzupassen, dass sie Geschick und Fertigkeit in einem bestimmten Arbeitszweig erlangt, entwickelte und spezifische Arbeitskraft wird, bedarf es einer bestimmten Bildung oder Erziehung, welche ihrerseits eine größere oder geringere Summe von entsprechenden Warenwerten kostet. Je nach dem mehr oder minder qualifizierten Charakter der Arbeitskraft sind ihre Bildungskosten verschieden. Diese Erlernungskosten [...] gehen also in den Umkreis der zu ihrer Produktion verausgabten Werte.«[81]

Der Kampfbegriff Lohnnebenkosten bedarf besonders kluger und detaillierter Analyse, um Gegenentwürfe zu entwickeln. Als Kampfbegriff dient er der Rechtfertigung von (Real-)Lohnsenkungen.

»(Arbeits-)Produktivität«

Die Produktivität ist einer der schillerndsten wirtschaftspolitischen Kampfbegriffe. Binnenwirtschaftlich wird er eingesetzt, um Lohnerhöhungen in Schach zu halten. Lohnerhöhungen dürfen nicht die Steigerung der Arbeitsproduktivität überschreiten, ansonsten gibt es Arbeitslosigkeit. Außenwirtschaftlich dient die Produktivität dazu, dem einheimischen Arbeitnehmer weiszumachen, um wie viel leistungsfähiger seine Kollegen im globalen Wettbewerb sind.

Die Aussagen und Behauptungen dazu werden mit Respekt erheischenden Tabellen und Statistiken geliefert. Harsche Aussagen und saftige Vergleiche sollen uns überzeugen. Bange Fragen wollen und sollen beantwortet werden.

»Wie soll der Osten Deutschlands wachsen?« Eine seit 1990 in Deutschland immer wieder gestellte Frage. Dem Aufbau Ost sind Studien, Untersuchungen und Recherchen gewidmet. Speziell zur Erklärung des behaupteten Produktivitätsunterschieds zwischen West- und Ostdeutschland gibt es zahlreiche Spezialstudien; viele sind beim Institut für Wirtschaftsforschung in Halle erschienen. Dort wird vor keiner Kennzahl zurückgescheut. Die »Produktivität je Erwerbstätigen (in Ostdeutschland) liegt bei 75 Prozent des Westniveaus«[82], schrieb die *Neue Zürcher Zeitung* 2005. Da scheint eine ganze Region auf der faulen Haut zu liegen.

Und das, obwohl die Produktivität zum Schlüssel der Wettbewerbsfähigkeit einer Volkswirtschaft erklärt wird: »Produktivitätssteigerung ist die wichtigste Quelle wirtschaftlichen Wachstums.«[83]

Mutige Wirtschaftsstandorte stellen sich der Herausforderung der Produktivität. Produktivität soll verstärkt Beachtung bei zukünftigen, strategischen Konzernentscheidungen finden. Sogenannte regionale Cluster werben mit international wettbewerbsfähiger Produktivität. Kontinente wie USA und Europa wetteifern um die höchste Produktivität. China steht auf dem Sprung. Kurz, der ganze Globus zittert um seine Produktivität. Doch was ist sie, die Produktivität? Wie wird Produktivität definiert? Und was geht sie uns denn an, genauer, welchen Nutzen hat die Produktivität?

In der Volkswirtschaftslehre und in der amtlichen Statistik bezeichnet die gesamtwirtschaftliche Produktivität allgemein einen Quotienten aus Output zu dessen Produktion eingesetztem Input. Bei der Produktivitätsmessung wird also das Ergebnis eines Produktionsprozesses in Mengeneinheiten auf den Einsatz in Mengeneinheiten bezogen. In der Makroökonomie wird hier in der Regel die Wertschöpfung zu konstanten Preisen für das Produktionsergebnis verwendet. So definiert es beispielsweise das Deutsche Institut für Wirtschaftsforschung.

Als allgemein üblicher Maßstab für die Produktivität einer Volkswirtschaft dient die Arbeitsproduktivität. Zwei Relationen werden benutzt: preisbereinigtes (reales) Bruttoinlandsprodukt je Erwerbstätigen (sogenannte Kopfproduktivität) oder preisbereinigtes Bruttoinlandsprodukt je geleistete Arbeitsstunde (sogenannte Stundenproduktivität). In der Öffentlichkeit wird meist nicht das Niveau der Produktivität dargestellt (außer bei internationalen Vergleichen), sondern der Anstieg der Arbeitsproduktivität.

Des weiteren wird auch die Kapitalproduktivität gemessen: Reales Bruttoinlandsprodukt in Bezug auf das im Produktionsprozess eingesetzte Sachkapital (Bauten und Ausrüstungen).

Ein weiteres Maß ist die Total Factor Productivity (TFP). Diese Definition versucht die Ausnutzung der Produktionsfaktoren von Veränderungen in der Ausstattung mit Produktionsfaktoren zu trennen. Eine Erhöhung des Outputs wird also zerlegt in Erhöhung des Einsatzes von Arbeit (das ist auch im anderen Maß der Arbeitsproduktivität angelegt), eine Erhöhung der Nutzung von Kapital und anderen Produktionsfaktoren und eine genuine Produktivitätserhöhung infolge der Verbesserung der Technologie. Die TFP kann man schätzen, wenn man hierfür eine Produktionsfunktion unterstellt. Das ist die neoklassisch gesamtwirtschaftliche Produktionsfunktion, die es aber gar nicht geben kann, wie wir im Kapitel »Flexibilität des Arbeitsmarktes« gesehen haben. In den 1970er-Jahren war es wirtschaftswissenschaftliches Allgemeingut zu wissen, dass die Erklärung des Bruttoinlandsproduktes durch die beiden gesamtwirtschaftlichen Produktionsfaktoren Arbeit und Kapital bis zu 30 Prozent unerklärt bleiben muss. Damals behalf man sich unter anderem mit einem dritten Produktionsfaktor, dem technologischen Fortschritt, der dann als Residualgröße zur Erklärung der fehlenden 30 Prozent herhalten musste. Einen hohen Preis bis heute muss die Wirtschaftswissenschaft dafür bezahlen, dass sie angesichts der Bedrohung durch die marxistische Theorie jeden aber auch jeden noch so banal unzulänglichen Angriff der Neoklassik auf die keynessche und marxistische Theorie willfährig unterstützte.

Fassen wir zusammen: Die gesamtwirtschaftliche *Arbeitsproduktivität* wird bezeichnet als das Verhältnis aus realem Bruttoinlandsprodukt einer Volkswirtschaft in einer Beobachtungsperiode (Quartal, Jahr) und dem Arbeitseinsatz (gemessen an der Anzahl der geleisteten Stunden oder, etwas ungenauer, an der Anzahl der Erwerbstätigen) in dieser Volkswirtschaft in der betreffenden Beobachtungsperiode. Je nach Zielrichtung der Analyse werden also unterschiedliche Definitionen verwendet. In gleicher Weise lässt sich eine gesamtwirtschaftliche Kapitalproduktivität als Quotient aus dem realen Bruttoinlandsprodukt und dem gesamtwirtschaftlichen Kapitalstock berechnen. Produktivitäten lassen sich darüber hinaus natürlich auch für kleinere Beobachtungseinheiten wie etwa Regionen, Unternehmen oder einzelne Arbeitnehmer ermitteln.

Wesentlich sind nun die Interpretationen dieser Zahlen. So ist zu beachten, dass die Zahl der Erwerbstätigen ein unzulänglicher Maßstab für den Produktionsfaktor Arbeit ist, da Veränderungen in der geleisteten Arbeitszeit oder in der beruflichen Qualifikation keine Berücksichtigung finden. Weiter ist anzumerken, dass die gesamte entstandene wirtschaftliche Leistung nur auf einen sogenannten Produktionsfaktor, die Arbeit, bezogen ist. Die kann nichts über den ausschließlichen Beitrag des Produktionsfaktors Arbeit zum Produktionsergebnis aussagen, da zum Produktionsergebnis die betreffende Ausstattung mit Anlagen und Maschinen, das Sachkapital, beiträgt.

Die Produktivität sinkt beispielsweise um 5 Prozent. Das Bruttoinlandsprodukt bleibt unverändert. Im Fall der Pro-Kopf-Produktivität heißt das, dass die Anzahl der Erwerbstätigen gestiegen sein muss. Durch Einsatz von mehr Beschäftigten wird ein gleiches Ergebnis erwirtschaftet, da dieses Ergebnis aber durch den Einsatz von Beschäftigten zustande kommt, sinkt die Arbeitsproduktivität.

»Dass ausgerechnet die Arbeitsproduktivität den Lohn eines Arbeiters maßgeblich bestimmen sollte, liegt daran, dass der Faktor Arbeit das Unternehmen nicht mehr kosten darf, als es erwirtschaftet. Die Steigerung der Stundenproduktivität gibt den Spielraum an, innerhalb dessen Lohnerhöhungen vorgenommen werden könnten, ohne dass sich die Lohnstückkosten verändern (= produktivitätsorientierte Lohnpolitik)«[84], schreibt der Verband der Bayerischen Metall- und Elektro-Industrie e. V.

Diese analytisch absolut ungesicherte und theoretisch unzulängliche behauptete Kausalität zwischen Lohnerhöhungen und (Arbeits-)Produktivitätssteigerung wird in der Lohnpolitik unverfroren als Bemessungskriterium benutzt: »Die volle Ausschöpfung des Produktivitätszuwachses für Lohnerhöhungen führt lediglich zur Beibehaltung des aktuellen Beschäftigungsstandes. Um die Schaffung zusätzlicher Arbeitsplätze zu ermöglichen, müssen die Lohnerhöhungen unter dem Produktivitätswachstum bleiben.«[85]

Nochmals, eine sichere und eindeutige Definition der Produktivität gibt es nicht. Dennoch muss sie als scheinbar wissenschaftlich begründetes Fundament herhalten, um Lohnsteigerungen gesamtwirtschaftlich als adäquat oder nicht adäquat zu qualifizieren.

Auch bei der Beurteilung der »Aufholjagd Ost«, in der die bereits erwähnten unterschiedlichen Produktivitäten von Ost- und Westdeutschland bemüht werden, ist offensichtlich bewusst Unredlichkeit im Spiel. Bernd Görzig vom Deutschen Institut für Wirtschaftsforschung: »Sicher ist der Bezug auf die geleisteten Stunden besser, als nur die Köpfe zu nehmen. Dabei ist allerdings zu berücksichtigen, dass die Informationen über die tatsächlich geleistete Arbeitszeit nicht immer verfügbar sind. Auch die Wertschöpfung ist insbesondere in Bezug auf Ostdeutschland durchaus keine einfache Größe. So gibt es viele Mehrländerunternehmen, bei denen bestimmte Leistungen kalkulatorisch auf Ost- und Westdeutschland aufgeteilt werden müssen. Zum anderen kann bei einem Niveauvergleich der Produktivität die Wertschöpfung nicht zu Preisen eines Basisjahres gemessen werden, insbesondere, wenn die Preise sich schon im Ausgangsjahr unterscheiden. Vielmehr müssten entweder die ostdeutschen Produkte mit westdeutschen Preisen der gleichen Periode oder umgekehrt vergleichbar gemacht werden. Dabei kommt es zu unterschiedlichen Aussagen, wie aus den Kaufkraftparitätsvergleichen bekannt (Warenkorbproblematik). Häufig sind allerdings die benötigten Daten nicht zur Verfügung, sodass zu Hilfskonstruktionen gegriffen wird. Dies gilt auch für die Einsatzmengen. Wird der Begriff in der öffentlichen Diskussion verwendet, so muss man immer mit Unschärfen rechnen. So wird meist nur der Begriff Produktivität verwendet, wenn die Arbeitsproduktivität gemeint ist.«[86]

Bei der allgemeinen Messung wird die Arbeitsproduktivität pro Stunde vorgezogen, weil generell angenommen wird, dass bei der Messung der Pro-Kopf-Produktivität die Entwicklung der Produktivität unterschätzt wird, wenn sich die Stundenzahl reduziert. Eine einfache Überlegung zeigt das. Die Pro-Kopf-Produktivität sinkt beispielsweise, wenn aus einer Vollzeitstelle zwei Halbtagsstellen werden, da ja bei konstantem Bruttoinlandsprodukt die Zahl der Erwerbstätigen steigt. Die Stundenproduktivität bleibt jedoch konstant, weil sich an der Zahl der geleisteten Arbeitsstunden nichts ändert.

Auch in dieser Frage begegnen wir dem institutionalisierten Sachverstand der akademischen Lehre. »Wenn länger gearbeitet wird, steigt die Produktivität des einzelnen Arbeitnehmers.«[87] Das mag populär sein, aber es ist auch falsch. Produktivität bezeichnet die Effizienz von Produktion. Wenn ein Arbeitnehmer länger arbeitet, bleibt die Produktivität gleich. Was steigt, ist die Produktion des Unternehmens. Ein Arbeitnehmer ist produktiver, wenn er pro Stunde mehr produziert als zuvor. Was jedoch auf alle Fälle gesagt werden kann: Eine Arbeitszeitverlängerung bedeutet eine Kürzung des Stundenlohns und nichts anderes.

Kurios – was steht eigentlich der Erkenntnis im Wege, dass mehr Arbeitsproduktivität erst einmal weniger Arbeitsaufwand bedeutet? Da bleibt Arbeitszeit übrig, gut verwendbar für alles Mögliche. Und dass eine wie auch immer gemessene Steigerung der Arbeitsproduktivität eine Verbesserung der materiellen Lebensverhältnisse bedeutet? Das Problem ist aber offensichtlich das, dass mehr Werte geschaffen werden sollen. Und das soll in einer größeren Menge von Produkten resultieren: »Mehrarbeit kann der Weg aus der Krise sein«[88] und »mehr arbeiten – reicher werden«[89] sind die Gegenbotschaften. Doch wie schon Marx feststellte: »Die steigende Produktivkraft der Arbeit erzeugt also, auf kapitalistischer Grundlage, mit Notwendigkeit eine permanente scheinbare Arbeiterübervölkerung.«[90] Dem wird heute noch pauschal widersprochen: »Man kann nicht mit weniger Arbeit mehr Wohlstand erhalten.«[91]

Abgesehen davon, dass solche Maximierungsregeln mathematisch weder formulierbar noch lösbar sind, mit weniger Arbeit kann man durchaus dasselbe Wohlstandsniveau halten. Nun wissen wir es. Offensichtlich können wir mit dem vorhandenen neoklassischen Instrumentarium und statistischen Rüstzeug die Arbeitsproduktivität in ihrer Bedeutung für die Perspektiven der Arbeit gar nicht erklären. Die hier dargestellten ungenauen Definitionen der (Arbeits-)Produktivität sind, so muss vermutet werden, streckenweise auch gewollt. So kann denn folgende Botschaft so selbstherrlich verkündet werden: »In einer freien Wirtschaft, die nicht den Zwangsmaßnahmen des Staates und/oder der Gewerkschaften unterworfen ist, wird die Höhe des Lohns durch die Produktivität der jeweiligen Arbeitskraft bestimmt. [...] Der Lohn kann nicht höher sein als die Wertschöpfung des Arbeitnehmers, da der Arbeitgeber jede verlustbringende Produktion einstellen muss, um wirtschaftlich überleben zu können. Die Gewerkschaften glauben aber, dass es möglich sei, für ihre Mitglieder einen Lohn zu erkämpfen, der dauerhaft über deren Produktivität liegt.« [92]

Da bleibt die Arbeitsproduktivität eingepfercht in einem Mikrokosmos von Lohn und Gehalt, ohne auch nur ansatzweise die materiellen Perspektiven zu eröffnen, wenn in einer Volkswirtschaft insgesamt weniger gearbeitet werden müsste. Arbeitsproduktivität ist in der hier vorgestellten Form unbestreitbar ein Kampfbegriff.

»Globalisierung«

Was ist Globalisierung? Globalisierung steht erst einmal für internationale Arbeitsteilung, die es schon seit zwei Jahrtausenden gibt. Somit ist Globalisierung nichts Neues, nur ihre kapitalistische Form, forciert durch Produktivitätssteigerungen und wachsenden Rentabilitätsdruck, beunruhigt mehr und mehr Menschen. Diejenigen, die es beängstigt, sehen in der Globalisierung einen beschleunigten Arbeitsplatzabbau im eigenen Lande. Diejenigen, welche die Notwendigkeit der Globalisierung geltend machen, verweisen auf das notwendige Wachstum, das veränderte Beschäftigungsstrukturen mit sich bringt. Beide Behauptungen sind in dieser Generalisierung zutreffend. Analytisch sind beide wenig hilfreich. Folgende Überlegungen zu einem der markantesten Kampfbegriffe sollen das ausleuchten.

Globalisierung, das bedeutet eine immer stärker verflochtene Weltwirtschaft. Diese bewirkt einen fortlaufenden Strukturwandel in den nationalen Volkswirtschaften. Sie setzt die Frage nach nationaler Wettbewerbsfähigkeit und Konkurrenzfähigkeit von nationalen Standortfaktoren propagandistisch auf die Tagesordnung. Globalisierung beschreibt einen wirtschaftlichen Prozess, der seine Dynamik aus veränderten Investitions-, Produktions- und Vertriebsentscheidungen von Unternehmen bezieht. Wirtschaftliche Globalisierung ist ein historischer Prozess wirtschaftlicher Expansion.

Die fortschreitende Globalisierung wird gemessen an zunehmender Weltmarktintegration. Die wachsende Internationalisierung der Unternehmen, gerade durch Fusionen und die Existenz eines globalen Finanzmarktes, ist ein Gradmesser. Als Konsequenz der Globalisierung wird eine wachsende Standortkonkurrenz zwischen den Nationalstaaten um die Ansiedlung von Unternehmen beschworen, beziehungsweise um die Lokalisierung ihrer Geschäftstätigkeit gekämpft. Heute vergeht keine Woche, in der nicht ein Standortranking der Länder, der Städte und Regionen veröffentlicht wird. Harte Standortfaktoren werden präsentiert, womit primär das jeweilige nationale Steuersystem, die sogenannten Arbeitskosten und die zu erwartenden Subventionen für Investitionen gemeint sind. Ein oft genannter weicher Standortfaktor ist die sogenannte Lebensqualität, worunter Wohnen und Kultur subsumiert werden. Bei der Beurteilung dieser Rankings hilft ein Blick darauf, wer die betreffende Studie finanziert hat.

Diese internationalen Vergleiche haben ein Gemeinsames. Lohn- und Gehaltsabhängige sehen sich mit entsprechend aufbereiteten Zahlen konfrontiert, die sie schaudern machen sollen. Davon lassen sich gerne auch Arbeitsnehmerorganisationen wie Gewerkschaften beeindrucken, die eher das Nationale denn das globalisiert Soziale in der Problemstellung erblicken können.

Immer wieder verbreitete Produktivitätsvergleiche suggerieren, dass die Arbeitnehmer nun im Wettbewerb mit ihren Kollegen in Indien oder China stehen. Globalisierung präsentiert sich als Bedrohung. Unverstandene wirtschaftliche Entwicklungen werden emotional beurteilt, weil sie nicht erläutert werden.

Sehen wir uns an, was Marx 1848 zur Globalisierung geschrieben hat: »Die uralten nationalen Industrien sind vernichtet worden und werden noch täglich vernichtet. Sie werden verdrängt durch neue Industrien, deren Einführung eine Lebensfrage für alle zivilisierten Nationen wird, durch Industrien, die nicht mehr einheimische Rohstoffe, sondern den entlegensten Zonen angehörige Rohstoffe verarbeiten, und deren Fabrikate nicht nur im Lande selbst, sondern in allen Weltteilen zugleich verbraucht werden. An die Stelle der alten, durch Landeserzeugnisse befriedigten Bedürfnisse treten neue, welche die Produkte der entferntesten Länder und Klimate zu ihrer Befriedigung erheischen. An die Stelle der alten lokalen und nationalen Selbstgenügsamkeit und Abgeschlossenheit tritt ein allseitiger Verkehr, eine allseitige Abhängigkeit der Nationen voneinander. Und wie in der materiellen, so auch in der geistigen Produktion. Die geistigen Erzeugnisse der einzelnen Nationen werden Gemeingut. Die nationale Einseitigkeit und Beschränktheit wird mehr und mehr unmöglich.«[93]

Ist das nicht schön, wuchtig und klar formuliert? Es ist eine deutliche Beschreibung des Sachverhaltes ohne akademisch verwunderten Unterton. So besehen ist Globalisierung erst einmal etwas, was trotz kapitalistischer Form Frischluft bedeutet. Dazu sei als Metapher ein Ausschnitt aus Goethes *Faust* erlaubt:

»Vom Eise befreit sind Strom und Bäche
durch des Frühlings holden belebenden Blick,
im Tale grünet Hoffnungsglück;
der alte Winter, in seiner Schwäche,
zog sich in rauhe Berge zurück.
Von dort her sendet er, fliehend, nur

ohnmächtige Schauer körnigen Eises
in Streifen über die grünende Flur.
Aber die Sonne duldet kein Weißes,
überall regt sich Bildung und Streben,
alles will sie mit Farben beleben;
doch an Blumen fehlt's im Revier,
sie nimmt geputzte Menschen dafür.
Kehre dich um, von diesen Höhen
nach der Stadt zurückzusehen!
Aus dem hohlen, finstern Tor
dringt ein buntes Gewimmel hervor.
Jeder sonnt sich heute so gern.
Sie feiern die Auferstehung des Herrn,
denn sie sind selber auferstanden:
aus niedriger Häuser dumpfen Gemächern,
aus Handwerks- und Gewerbesbanden,
aus dem Druck von Giebeln und Dächern,
aus den Straßen quetschender Enge,
aus der Kirchen ehrwürdiger Nacht
sind sie alle ans Licht gebracht.«[94]

Die Globalisierung ist also nur ein anderer Name für den Drang des Kapitals, weltweit zu wachsen, weil es zuhause in Sachen Wachstum eng geworden ist: »Der deutsche Markt lässt kein organisches Wachstum mehr zu«.[95] Die Globalisierung ist also nichts Neues. Nur werden eben mehr und mehr Menschen von der Kapitalisierung ihrer Lebensverhältnisse erfasst.

Ein Thema, das zu früh bereits Ende der 1940er-Jahre unter dem Thema: »Stagnationstendenzen des amerikanischen Kapitalismus«[96] abgehandelt wurde. Dort wurden Überlegungen von John Maynard Keynes zur nachlassenden Akkumulationskraft der Investitionen aufgegriffen, die später im allgemeinen neoklassischen Geplärr untergegangen sind.

Heute unterscheiden die Lehrbücher zwischen der reinen und der monetären Außenhandelstheorie. Sie stehen unvermittelt nebeneinander. Die akademische Lehre kümmert das wenig.

Die reine Außenhandelstheorie hat ihre Wurzeln in der Politischen Ökonomie von Adam Smith und David Ricardo. Ihre neoklassische Lehrbuchform kennt weder Werte noch Preise, sie kennt nur Mengen. Ihre Themen sind: Absolute Kostenvorteile (Adam Smith); Theorie komparativer Kostenvorteile (David Ricardo); Heckscher-Ohlin-Modell (Faktorproportionentheorie).

Davon strikt getrennt ist die monetäre Außenhandelstheorie, die auf Elemente der Keynesianischen Theorie aufbaut. Sie gliedert sich in folgende Bestandteile: Währungssysteme (feste und flexible Wechselkurse), Kaufkraft- und Zinsparitätentheorie, Zahlungsbilanz und Zahlungsbilanzreaktion.

Die reine Theorie ist ohne Geld konzipiert, die monetäre berücksichtigt zwar Wechselkurse, eine eigenständige Geld- und Kapitaltheorie kann sie jedoch nicht bieten. Mit der reinen Theorie lässt sich kaum noch etwas vom heutigen Außenhandel begreifen. Sie sollte mit ihrem Ansatz der komparativen Kostenvorteile erklären, warum Außenhandel für zwei Länder vorteilhaft sei. Ein Blick auf die Statistik »Rangfolge der Handelspartner im Außenhandel der Bundesrepublik Deutschland«[97] zeigt, wie sehr dieser Ansatz ins Leere geht. Frankreich ist Deutschlands größter Handelspartner, was mit der Theorie nicht erklärt werden kann. Mit der Aussage der Faktorproportionentheorie: »Ein Land exportiert jene Güter, in deren Produktion der relativ reichlich vorhandene Faktor vergleichsweise intensiv eingesetzt wird«, kann daher wenig angefangen werden. Alleine Zahlen zum Ex- und Import von Automobilen zwischen Deutschland und Frankreich zeigen, dass hier andere ökonomische Faktoren eine Rolle spielen als der Verweis auf die stoffliche Faktorausstattung.

Ähnliches ist zu der monetären Theorie zu sagen. Sie ist primär darauf aufgebaut, die Geldströme als Dual der Warenströme zu erklären. Das klassische Beispiel dafür ist die Erklärung der Wechselkurse. Eine Analyse der Finanztransaktionen, die ohne jeden Warenaustausch Kapitalströme hin und her bewegen, eine solche theoretische Kapazität ist hier nicht vorhanden. Man kann also getrost sagen, dass die derzeitige akademische Außenhandelstheorie herzlich wenig zur Analyse und Erklärung der Globalisierung beitragen kann. Sie ist schlicht ein Trümmerhaufen

Auch von globalisierungskritischer Seite ist nicht immer eine klare Sicht zu erwarten. Exemplarisch werden wir im Folgenden einen Streifzug durch den wirtschaftstheoretischen Garten des Buches *Grenzen der Globalisierung* von Elmar Altvater und Birgit Mahnkopf unternehmen.

Das 1999 erschienene Buch hat offensichtlich gerade wegen seiner analytischen Beliebigkeit eine große rezeptive Beliebtheit und Resonanz erfahren. Der Titel ist geschickt gewählt, 1972 erschien der erste Bericht des Club of Rome, der unter dem Titel *Grenzen des Wachstums* verschiedene Entwicklungsszenarien der Weltwirtschaft präsentierte. Pointiert hieß es dort, dass ungefähr nach 100 Jahren die Grenzen des Wachstums erreicht seien. Die natürlichen Ressourcen seien dann erschöpft. Die sogenannte Ölkrise von 1973, also nur ein Jahr nach der Publikation des Berichtes, erschien so als ein warnendes Menetekel.

Grenzen der Globalisierung ist vorsichtiger. Terminierung und Datierung der erreichten Grenzen der Globalisierung werden nicht gereicht. Die grundlegende Argumentation des Buches ist jedoch dem aus dem Jahre 1973 stammenden Bericht ähnlich.

»Das System der gesellschaftlichen Arbeit hingegen ist lokal gebunden. [...] Das Geld ist global, die Arbeit bleibt lokal.«[98]

Das erscheint zunächst als eine vernünftige Erkenntnis. Ist es aber nicht. Die konkret nützliche Arbeit ist lokal, stellt beispielsweise einen Gebrauchswert wie einen BMW an einem Ort in Bayern her. Globalisierung ist aber die Globalisierung der abstrakt menschlichen Arbeit, womit sich die im Wert eines Autos vergegenständlichte Arbeit in Bayern zunehmend mit der im Wert eines Autos vergegenständlichten Arbeit in Maharashtra (Indien) vergleichen lassen muss. Die Produktionsvoraussetzungen wie der Gebrauch von Maschinen und Anlagen sowie die Qualifikation der Arbeitskräfte und ihre Entlohnung werden sich angleichen. Zu einem späteren Zeitpunkt wird dann der wertbildende Charakter dieser noch lokal gültigen abstrakten Arbeit in Bayern sich nicht mehr von dem in Maharashtra unterscheiden. Die abstrakt verausgabte Arbeit wird somit global gültig sein. Das heißt, in einer bestimmten Zeiteinheit wird an beiden Orten, Bayern und Maharashtra, der gleiche Wert produziert werden. Damit wird die gesellschaftliche Arbeit gleichermaßen global.

»Offensichtlich ist das ökonomische System der monetären Kommunikation auf bestimmte Weise an die soziale Organisation des Metabolismus zwischen Natur und Gesellschaft gebunden, selbst wenn sich das Geld von den realen Verhältnissen entkoppelt und seine Handlungslogik allen anderen Handlungssystemen oktroyiert.«[99]

Nun, »monetäre Kommunikation«, das ist eine nette Metapher, bietet aber nichts Trittfestes an. Jedoch: Das Geld kann sich nicht von den realen Verhältnissen entkoppeln. Die realen Verhältnisse sind die kapitalistische Warenproduktion. Sie ist auf die Produktion von Profit, genauer Mehrwert, aus. Geld in seiner Funktion als Kapital kann sich nicht von dieser Warenproduktion entkoppeln, denn Geld kann nur mehr Geld werden, wenn das Geldkapital aus den Niederungen der kapitalistischen Warenproduktion sein »mehr Geld« erhält. Das kann lange dauern, das kann schief gehen, das mag unbequem sein, jedoch gibt es mehr Wert in Form von Geld ohne diese Wertproduktion so nicht. Das Geld und die realen Verhältnissen fallen also allenfalls zeitlich etwas auseinander, entkoppelt sind sie nicht. Wenn »allen anderen Handlungssystemen«, was auch immer die sein mögen, etwas oktroyiert wird, dann die Funktion des Geldes als Kapital.

»Die doppelte Form der Vergesellschaftung in der kapitalistischen Produktionsweise durch Arbeit und Geld ist für die Gleichzeitigkeit von Globalisierung durch die Dynamik des Geldes und Fragmentierung durch die lokale Gebundenheit der Arbeit verantwortlich.«[100]

Diesen Satz verstehe, wer kann. Was mithilfe der marxistischen Theorie nachvollziehbar ist: die Vergesellschaftung der Produktion innerhalb kapitalistischer Verhältnisse hat mit der Form von Aktiengesellschaften ihre kapitalistische Form erhalten. Der weitere Schritt ist sehr deutlich: »Mit der Besitzergreifung der Produktionsmittel durch die Gesellschaft ist die Warenproduktion beseitigt und damit die Herrschaft des Produkts über die Produzenten. [...] Der Kampf ums Einzeldasein hört auf. Damit erst scheidet der Mensch, in gewissem Sinn, endgültig aus dem Tierreich, tritt aus tierischen Daseinsbedingungen in wirklich menschliche. Der Umkreis der die Menschen umgebenden Lebensbedingungen, der die Menschen bis jetzt beherrschte, tritt jetzt unter die Herrschaft und Kontrolle der Menschen, die nun zum ersten Male bewusste, wirkliche Herren der Natur, weil und indem sie Herren ihrer eigenen Vergesellschaftung werden. Die Gesetze ihres eigenen gesellschaftlichen Tuns, die ihnen bisher als fremde, sie beherrschende Naturgesetze gegenüberstanden, werden dann von den Menschen mit voller Sachkenntnis angewandt und damit beherrscht. Die eigene Vergesellschaftung der Menschen, die ihnen bisher als von Natur und Geschichte aufgezwungen gegenüberstand, wird jetzt ihre eigene freie Tat. Die objektiven, fremden Mächte, die bisher die Geschichte beherrschten, treten unter die Kontrolle der Menschen selbst.«[101]

»Geld, die liquideste Form des Vermögens, ist ein (nach Keynes) nicht zu übertreffender ›anti-social [...] fetish‹, und beschert denen, die ihn als Mammon vergöttern, finanzielle Krisen, in denen Geld vernichtet wird.«[102]

Nun wird John Maynard Keynes bemüht: Geld als Vermögen. Bei Keynes ist das Geld auch Wertaufbewahrungsmittel. Es steht bei ihm in Konkurrenz zu anderen Wertaufbewahrungsformen wie Aktien als Wertpapiere. Der Teufel steckt hier im Detail. Denn die Geldmenge wird bei Keynes exogen vorgegeben, die Zentralbank stellt die Geldmenge zur Verfügung. Die Zentralbank produziert und steuert die Geldmenge, die als Vermögen genutzt werden kann.

Zu Ende gedacht, die Zentralbank ist die Institution, die in letzter Instanz über den Reichtum einer Volkswirtschaft gebietet. Das ist ein witziger Gedanke. Mit der Verwertung von Wert hat das nichts zu tun. Es ist ein Rückschritt der bereits gewonnenen Einsicht, warum Geld auch gerade als Kapital fungiert.

»Die Form des Geldes wird näher bestimmt durch die Funktionen, die dem Geld zukommen. Bei der Funktionsanalyse treffen sich Marx und andere Geldtheoretiker – und sie müssen sofort wieder voneinander geschieden werden. [...] Zwei grundlegende Funktionsbestimmungen können auseinander gehalten werden: Einerseits das Geld in Bezug auf die Welt der Waren, deren Wert das Geld misst (Wertmesser) und die es zirkuliert (Tauschmittel) – und das Geld in selbstreferenziellem Bezug auf sich selbst – Geld als Geld (Wertaufbewahrungsmittel und Zahlungsmittel) – andererseits.«[103]

Das ist ein Durcheinander von Begriffen und ökonomischem Verständnis. Geld als Geld ist Zahlungsmittel, Recheneinheit, Tauschmittel und Wertaufbewahrungsmittel. Letzteres kann auch Schatzmittel genannt werden, nur kennt der Geldschatz keine unbefleckte Empfängnis, er kann nicht alleine mehr werden. Im Sparstrumpf wird es nicht mehr. Dagegen Geld »in selbstreferenziellem Bezug auf sich selbst, Geld als Geld«, ist Kapital. Geldkapital, das nur dann mehr werden kann, wenn es mithilfe der kapitalistischen Warenproduktion mehr Geld werden kann. Da ist die Analyse von Marx einmalig, eine Funktionsanalyse des Geldes als Kapital gibt es bei keiner anderen Theorie.

Warum dieser Streifzug durch den analytisch eklektischen Garten von *Grenzen der Globalisierung?* Abgesehen von den dokumentierten theoretischen Unzulänglichkeiten, die dieses Buch prägen, zeigen die dortigen Ausführungen, dass das Verständnis der Grenzen ein stoffliches ist. Es wird angenommen, dass die Ressourcen der Erde irgendwann einmal zur Neige gehen und damit der Kapitalismus seine stoffliche Grundlage verliert – und somit vor sich selbst gerettet werden muss. Es ist eine Art moderner Zusammenbruchstheorie, welche Wirkungsketten verdreht. Der Kapitalismus treibt die Globalisierung voran. Die Globalisierung kann also nicht der Urheberschaft für alle wirtschaftlichen und wirtschaftspolitischen Schieflagen bezichtigt werden. Irgendwie lässt einen das Gefühl nicht los, dass einige Globalisierungsgegner sich selbst an der Nase herumführen lassen.

Kapitalismus ist aber etwas anderes. Es ist das Privateigentum an Produktionsmitteln, die Arbeitsteilung, die gesellschaftliche Produktion und deren private Aneignung. Das ist auch dann gültig, wenn der letzte Quadratmeter Europa zubetoniert ist. Der Kapitalismus ist auch dann präsent, wenn die ersten Fabriken auf dem Mars errichtet worden sind. Diese Perspektive hat übrigens für die Kapitaleigentümer auf dem Mars den Vorteil, dass Streiks mit der Unterbrechung der Sauerstoffzufuhr begegnet werden könnten. Kurz, der jeweilige ökologische Zustand der Erde, die stoffliche Verelendung der Erdteile durch die kapitalistische Produktionsweise hebt diese nicht auf. Somit kann analytisch dieser Weg der Kassandra nicht beschritten werden. Die ökonomischen Gesetzmäßigkeiten, auf die im siebten Kapitel näher eingegangen werden wird, diese ökonomischen Zwänge der kapitalistischen Produktionsweise sind transparent zu machen. Erst dann kann der Blick auf Alternativen möglich werden. Alles andere ist die Angst um den eigenen ökologischen Garten. Der ökologisch gerichtete Zeigefinger, auf dem da steht: »Seht nur, was ihr mit eurem Globalisierungsdrang anrichtet«, weist ins Niemandsland.

Beunruhigend darüberhinaus ist die Ignoranz solcher alternativen Gegenentwürfe gegenüber den industriellen Entwicklungen in Ländern wie China. Der keinem Chinesen abzustreitende Wunsch, auch die kapitalistisch produzierte Fülle an Konsumgütern genießen zu wollen, bedeutet natürlich mehr Ressourcenverbrauch. Der Energieverbrauch pro Person ist in den USA immer noch sechsmal höher als in China und 20-mal höher als in Indien. Das bedeutet, ohne besonders weitsichtig zu sein, baldige Konflikte.

Fazit: Globalisierung steht im allgemeinen heute als Begriff für die kapitalistische Form, in der sich die Lebensverhältnisse der Menschen auf dem Globus angeglichen haben, angleichen und angleichen werden. Als Kampfbegriff ist Globalisierung hervorragend geeignet, falsche Hoffnungen, Erwartungen und Ängste zu erzeugen.

»Managementfehler«

Der Homo oeconomicus, dieser witzig nutzlose Homunculus in der neoklassischen Theorie, macht alles richtig. Der echte, lebendige, der Alltagsmensch, macht es zuweilen auch richtig – auch in den Augen der neoklassischen Ökonomen. Wenn er es nicht tut, und er steht oben auf der sogenannten Karriereleiter, dann handelt es sich um einen sogenannten Managementfehler. Wer sollte also daran zweifeln, wenn es schon in der Dreigroschenoper heißt: »Ja, mach nur einen Plan. Sei nur ein großes Licht! Und mach dann noch 'nen zweiten Plan. Geh'n tun sie beide nicht.« Ist der Managementfehler also eine ewige menschliche Konstante? Lassen wir die sogenannte Praxis sprechen.

China ist der Wachstumsmarkt für die Automobilindustrie. Das Auf und Ab des Kapitalwachstums wird Konjunktur bezeichnet. Der Abschwung, je nach Intensität zuweilen auch Krise genannt, ist ein Bestandteil derselben. Letztlich ist sie auf Überkapazitäten in der Produktion zurückzuführen. Wie reagiert man nun auf Überkapazitäten? »Mehr als die Hälfte der Manager rechnet mit einem baldigen Ausleseprozess unter den (Auto-)Herstellern in China, denn nur wenige starke Produzenten werden überleben. Allerdings glaubt keiner der Manager daran, dass er selber mit seiner Marke betroffen sein könnte. Die meisten denken, die Überkapazität ist jeweils das Problem des Wettbewerbers. Die meisten Unternehmen gehen jeweils davon aus, dass ihre Stellung am Markt gesichert ist und ihre Kapazität dementsprechend ausgelastet wird.«[104] Dies ist fast schon lehrbuchartig die Formulierung des Themas Managementfehler. Inwiefern aber ist der Begriff Managementfehler ein Kampfbegriff? Er ist eine ideale Nebelwand. In ihr verschwinden jede Art von weitergehenden Fragen und Einsichten. Das, obwohl analytische Bezeichnungen des Tatbestandes, auf den der Begriff Managementfehler angewandt wird, ansatzweise schon geliefert werden könnten.

Eine vorübergehende Umschreibung wäre die Bezeichnung »notwendigerweise erzeugte Überkapazitäten« als Folge der durch die Unternehmen getroffenen Investitionsentscheidungen. Sie entstehen dann, wenn im Verhältnis zur erwarteten gesamtwirtschaftlichen und/oder Branchennachfrage das Warenangebot größer ist. Es ist also im Verhältnis zur erwarteten Nachfrage zuviel Geldkapital in Maschinen und Anlagen geflossen. Die damit hergestellten Waren, das gesamtwirtschaftliche und/oder Branchenangebot auf dem Markt, übersteigen damit die entsprechende Nachfrage. Es entstehen Überkapazitäten und Arbeitslosigkeit. Ein Thema, das Thema der frühen 1970er-Jahre war. Und nicht nur ein akademisches, auch der deutsche Gewerkschaftsbund nahm Worte wie »Investitionslenkung«, »Vergesellschaftung«, »Krisenvermeidung« sowie »Sicherung und Erweiterung der Demokratie« zumindest in den Mund. Dass die Investitionslenkung als Alternative zur Vergesellschaftung, wie auch immer definiert und positioniert, priorisiert wurde, zeigt das damalige unzulängliche Verständnis der Rolle der Investitionen im Kapitalismus.

Schauen wir uns ex post einige Beispiele für behauptete Managementfehler an. Dabei werden wir uns nicht mit den kriminellen Managern beschäftigen, denen auch Fehler unterlaufen, sonst würde man sie ja nicht bei ihren egoistischen Fehlgriffen erwischen. Beginnen wir mit dem deutschen Autobauer Opel. Er gehört seit 1929 zu General Motors (GM). Diese Übernahme von Opel durch General Motors (GM) war kein Managementfehler.

GM versorgte sowohl das US-Militär als auch das deutsche Militär mit Lastkraftwagen. Ein Bericht des US-Senats aus dem Jahre 1974 stellte fest, dass General Motors und Tochterunternehmen von Ford nahezu 90 Prozent der gepanzerten Opel Blitz 3-Tonnen-LKWs sowie mehr als 70 Prozent der mittleren und Schwerlast-LKWs für den deutschen Faschismus gebaut haben. Diese Fahrzeuge dienten, laut amerikanischen Nachrichtendiensten, als Rückgrat für das Transportsystem der deutschen Armee. Der damalige Geschäftsführer von General Motors, Alfred P. Sloan, verteidigte angeblich die Unterstützung für die deutsche Armee mit der Begründung, dass das Geschäft von GM in Deutschland höchst profitabel sei. Nach dem Zweiten Weltkrieg beanspruchten General Motors und Ford Reparationszahlungen von der amerikanischen Regierung, da deren Fabriken in Deutschland durch Angriffe der Alliierten beschädigt worden waren.[105]

Seit Mitte 2004 hatte Opel Absatzprobleme. Diese sind nach Ansicht eines früheren Vorstandsmitgliedes auf Managementfehler Mitte der 1990er-Jahre zurückzuführen. Da wird bemängelt, die Entwicklung von Dieselmotoren sei verschlafen worden. Wichtige Qualitätsstandards wurden nicht eingehalten. Generell wurde bemerkt, dass die Unternehmen sich hätten darauf vorbereiten müssen, dass ein konjunktureller Abschwung bevorsteht. Stattdessen habe man versucht, mit immer mehr Technologie immer neue Käuferschichten zu erschließen.

Dem widerspricht auch das Mutterhaus GM nicht. Es macht für diese Entwicklung die flaue Nachfrage, den zunehmenden Wettbewerb und eine verschärfte Preissituation verantwortlich. »Wir haben den schwachen Markt nicht vorausgesehen«, so verlautete es. Doch da sind GM und Opel nicht alleine.

»Karstadt-Quelle verdankt seinen Niedergang in erster Linie groben Managementfehlern. In diesem Punkt sind sich nahezu sämtliche Analysten einig.« Vorstände und Aufsichtsräte des Konzerns hätten dies durch richtige Weichenstellungen in den vergangenen Jahren wirksam verhindern können. Im Aufsichtsrat sitzen jedoch auch (noch) Arbeitnehmer- und Gewerkschaftsvertreter. Überraschend kam die Krise für die Analysten nicht, denn diese Einschätzung kam dann, als die Absatzkrise den Markt kräftig erschütterte.[106]

Wenden wir uns wieder einem Autokonzern zu. DaimlerChrysler ist einer der größten Autokonzerne der Welt und Mercedes eine der wertvollsten Marken aus Deutschland. Doch auch hier: Managementfehler und Korruption. Qualitätsmängel sollen den Traditionskonzern erschüttert haben. Die Vorstände sollen dafür büssen: »Angesichts massiver Managementfehler erscheinen die in den letzten Jahren vom Aufsichtsrat gebilligten Gehaltserhöhungen für die Topmanager völlig überzogen und überhöht. Der Aktienkurs dagegen ist dramatisch gefallen. Die umstrittenen Aktienoptionspläne für das Topmanagement kosten den Konzern viele Millionen Euro bei völlig unzureichender Leistung.«[107] Da sorgt sich die Schutzgemeinschaft der Kleinaktionäre. Der Aufsichtsrat habe schließlich dafür zu sorgen, dass »DaimlerChrysler Werte schafft und nicht vernichtet«.[108]

DaimlerChrysler verdient über die Mehrheitsbeteiligung an dem zweitgrößten europäischen Rüstungskonzern EADS einmal sehr gut an der Landminenproduktion. Diese Landminen wurden auch im Kosovo-Krieg eingesetzt, ein Krieg, den der damalige deutsche Außenminister Fischer forcierte. Zum anderen verdient DaimlerChrysler auch an der Herstellung und Lieferung der Minenfahrzeuge, welche Minen, die ihre Funktion nicht erfüllt haben, wieder beseitigen sollen. Sind das etwa Managementfehler?

Doch auch der Konzern der Deutschen, die Mutter der Deutschen Bank, bleibt nicht verschont. Managementfehler sind schuld am Stellenabbau bei Siemens, so konstatiert es die IG-Metall. Sie hat die vom Siemens-Konzern angekündigten Stellenstreichungen als »beschäftigungspolitische Bankrotterklärung« kritisiert. Sie wirft dem Siemens-Vorstand vor, offenbar über kein unternehmerisches Konzept zur Lösung der wirtschaftlichen und technologischen Probleme in der kriselnden IT-Dienstleistungssparte Siemens Business Service zu verfügen. Auch in der ebenfalls von Einsparungen betroffenen Sparte Kommunikation hätten Managementfehler dazu geführt, dass seit 2001 wesentliche Innovationen verpasst wurden.[109]

Ist die AEG ein Lehrstück für das Thema Managementfehler? Um diese Frage besser zu verstehen, folgen wir zunächst der offiziellen Darstellung der Firmengeschichte. Die Geschichte der AEG (Allgemeine Elektricitäts-Gesellschaft) beginnt 1883 in Berlin mit Edisons Glühlampe und der Gründung der Deutschen Edison-Gesellschaft für angewandte Elektricität (DEG) durch Emil Rathenau. (Erst vier Jahre später wird die DEG in Allgemeine Elektricitäts-Gesellschaft umbenannt.)

Es dauerte bis 1914, bis die AEG entsprechend aufgestellt war. Der Industriekonzern befasste sich mit der Produktion von Dampfmaschinen, Dynamos, Elektromotoren, Lokomotiven, Straßenbahnen, Kraftwerken, der Gründung einer Elektrobank zur Finanzierung der wachsenden Geschäfte, dem Einstieg in die drahtlose Telegrafie mit Telefunken, Schreibmaschinen sowie mit dem Flugzeugbau. In der Weltwirtschaftskrise 1929/30 geriet die AEG an den Rand der Zahlungsunfähigkeit. Ihre Entwicklung war eng an die Kapitalbeziehungen zu der Dresdner Bank gebunden. So stellte die Dresdner Bank dem deutschen Industriegiganten immense Geldsummen zur Verfügung. Allein im Jahr 1941 bewilligte sie große Kredite. Vom Tag ihrer Gründung an war die AEG ein Kind der Banken.

»Die Traditionslinie der AEG in der Rüstungstechnik zieht sich durch das ganze 20. Jahrhundert; besonders gute Geschäfte machte der Elektrokonzern auf dem Kriegssektor unter Kaiser Wilhelm II. und in der NS-Zeit. Auch in den 80er-Jahren hat AEG in den Listen der wichtigsten deutschen Rüstungsunternehmen einen der vordersten Plätze belegt. Von Außenstehenden wurde der AEG-Rüstungsumsatz für 1980 und 1983 auf fast 2 Milliarden DM geschätzt.«[110]

Als Hausbank und größter Einzelaktionär stellte die Dresdner Bank AG mit dem ehemaligen Bundeswirtschaftsminister Hans Friderichs (FDP) von 1979 bis 1984 den Aufsichtsratsvorsitzenden der AG. Der Öffentlichkeit wurde das wieder als Managementfehler dargestellt: Die AEG ist als ein unterkapitalisiertes Unternehmen mit schwachem Management und einer gewissen Dosis Pech zu einem kommerziellen Desaster geworden. Dank der großzügigen Banken habe sich der Konzern bis 1970 zum viertgrößten europäischen Elektronikkonzern mausern können. Im Sommer 1982 schrumpft das Elektrokonglomerat von 123 000 auf 73 000 Beschäftigte.

AEG wurde im Jahr 1986 zu einem Konzernunternehmen der damaligen Daimler Benz AG. 1989 gingen die im Sektor Luftfahrt, Raumfahrt und Rüstungstechnik angesiedelten AEG-Aktivitäten auf die neugegründete Daimler-Tochter Telefunken Systemtechnik GmbH (TST) über.

1995 entschied der Aufsichtsrat des Daimler-Benz-Konzerns, das Elektronikunternehmen aufzulösen. In den nächsten Monaten folgte der Ausverkauf. Unternehmensbereich für Unternehmensbereich wurde abgestoßen. Für die Öffentlichkeit hieß das: »Eine Industrie-Legende wird demontiert.« Im Juli 1996 findet die letzte Hauptversammlung der AEG statt, dann ist das Unternehmen Geschichte.

Noch 2005 wirft die *Frankfurter Allgemeine Zeitung* dem schwedischen AEG-Eigentümer Elektrolux vor, »hausgemachte Fehler« hätten den Untergang des AEG-Hausgerätewerks in Nürnberg besiegelt.[111] Was jedoch als Managementfehler propagiert wird, ist die teilweise politisch gewollte Entwicklung der AEG als Kapitalunternehmen. Zum einen fand eine Marktbereinigung, eine Kapazitätsbereinigung im Haushaltsgerätebereich statt. Das ging mithilfe der Dresdner Bank und Deutschen Bank zu Gunsten von Siemens aus. Zum anderen wurde die AEG, politisch gewollt, mit ihren Kapazitäten für Rüstungsgüter mit der Daimler Benz AG verschmolzen.

Für Arbeitnehmer, die betroffene Gewerkschaft, für Betriebsräte und Belegschaften ist es in solchen Zeiten nicht einfach, hier dagegen zu halten. Das Killerargument sind die Kosten. Nur: im Rückzugsgefecht mit dem Kampfbegriff Managementfehler um sich werfen, das erinnert doch stark an die Theorie der Sonnenflecken. Die Sonnenflecken machte der britische Ökonom William Stanley Jevons (1835–1882) für Konjunkturschwankungen verantwortlich. Durch sie würden die Ernteergebnisse beeinflusst.

Bleiben wir bei der Automobilindustrie. Sie hat offensichtlich Überkapazitäten aufgebaut. Sind Absatzlage und die Gewinnerwartungen gut, bauen alle im Wettbewerb stehenden Unternehmen, jedes für sich, die Produktionskapazitäten aus. Jeder will dadurch in der Aufschwungphase ein möglichst großes Stück vom Kuchen für sich einheimsen. Weil alle das Gleiche tun, ist es nur eine Frage der Zeit, bis mehr Autos auf dem Markt sind, als gekauft werden können. Schon seit einiger Zeit existieren auf dem Automarkt Überkapazitäten in Höhe von 20 Prozent. Die Lage wird dadurch zugespitzt, dass in Deutschland die Kaufkraft der Schichten, die auf Mittelklassewagen orientiert sind, deutlich abnimmt. Die Nachfrage sinkt. Entsprechend werden Kapazitäten zurückgefahren, Geldkapital fließt in andere Investitionsvorhaben.

Kapitalwanderung, nur teilweise für Außenstehende wahrnehmbar, ist das Herz sogenannter Managementfehler. Für eine wissenschaftliche und wirtschaftspolitische Diagnostik fehlt die Kontinuität der Beobachtung und Analyse. Man könnte neidisch werden, wie klar strukturiert und kompakt beispielsweise das Institut der Deutschen Wirtschaft in Köln in seinen Wochenberichten zu wirtschaftspolitischen Themen Stellung nimmt. Ergänzt durch eine Handreichung für Schule und Unterricht, die es den dort Lehrenden und Lernenden ermöglicht, die Argumente der Kapitalseite als die ganze Wahrheit sehen zu können. Da fehlen den heutigen Alternativen selbige Qualität.

In der Verallgemeinerung der Feststellungen seitens Arbeitnehmer und Arbeitsnehmervertretungen wie »Massives Versagen der Top-Etage«, »Nieten in Nadelstreifen« oder »Substanzielle Managementfehler« ist die Beschränkung von Alternativen mitformuliert. Entweder glaubt man an den Übermenschen Manager, der stets tadellos zu agieren habe, deswegen ist er ja an der Spitze des Unternehmens. Wenn er jedoch irrt, Fehler macht, dann ist der Arbeitnehmer von ihm enttäuscht. Darin ist zugleich der Glaube einbetoniert, dass ein Managementfehler Beweis dafür ist, dass menschliches Versagen ein an und für sich stabiles sowie vernünftiges Wirtschaftssystem ruinieren kann. Oder die Arbeitnehmer müssen es selber richten, womit in einem ersten Schritt die wichtige analytische Frage zu untersuchen ist, wie denn dann das Verhältnis von Eigentum und Management neu zu gestalten sei.

Noch anspruchsvoller wäre dann die Fragestellung, ob denn die vorhandene institutionelle Trennung zwischen Eigentum und Management wünschenswert ist. Das alleinige und fortwährende Fingerzeigen auf Managementfehler verkennt die notwendigen Alternativen und verschüttet Einsichten in die Gestaltbarkeit von wirtschaftlichen Prozessen. Der Wortgebrauch Managementfehler ist deshalb ein Kampfbegriff, weil er vortrefflich Zustände und Entwicklungen camoufliert, die eigentlich Gegenstand wirtschaftswissenschaftlicher Erörterungen zu sein haben.

6. Globale Wertarbeit

Wertklumpen

Jeder hat schon einmal von einem Goldklumpen gehört. Sofort tut sich ein Horizont voller Gedanken und Phantasien auf, an urige Unabhängigkeit und fröhliche Freiheit. Was ist jedoch ein Wertklumpen? Eine kleine Geschichte soll helfen, eine erste Antwort zu finden.

Orange County im US-Bundesstaat Kalifornien musste 1994 Konkurs anmelden: einer der bis dato wohlhabendsten Regierungsbezirke in den USA. Ein vom Bezirk geführter Investmentfonds hatte 1,6 Milliarden Dollar Verluste erlitten. Die Banken hatten missliche Ratschläge erteilt. Man einigte sich schließlich im November 1997 darauf, dass der auch involvierte Schweizerische Bankverein (SBV) eine Entschädigung an den Bezirk in Höhe von 6,4 Millionen Dollar zu zahlen hatte. Im Dezember 1997 entstand aus dem Zusammenschluss der Schweizerischen Bankgesellschaft (SBG) mit dem Schweizerischen Bankverein die UBS AG. Damit stieg diese Gesellschaft zur größten Vermögensverwalterin der Welt auf. Außerdem wurde sie dadurch die Nummer eins für Investmentbanking unter den europäischen Banken.

Vor diesem Hintergrund helfen folgende, zunächst disparat erscheinende Ereignisse die Antwort zu finden auf unsere Frage: Was ist ein Wertklumpen?

- Im Jahre 1995 verkündete der damalige IG-Farben-Liquidator Ernst-Joachim Bartels, dass die Abwicklung des Westvermögens der IG Farben in Liquidation (IG Farben i. L.) abgeschlossen sei. Die Realisierung des Ostvermögens gestalte sich leider schwierig, so dass sie sich noch geraume Zeit hinziehen werde. Das Abwicklungskapital der damaligen IG Farben betrug nach der Währungsreform 1948 knapp 6 Mrd. DM. Neben Bayer, BASF und zwei weiteren Unternehmen erhielt Hoechst den Löwenanteil übertragen.
- Am 1. Dezember 1998 kündigte Exxon, drittgrößter US-amerikanischer Konzern der Fortune-500-Liste, an, dass er den zweitgrößten US-amerikanischen Mineralölkonzern Mobil kaufen werde. Es war der weltweit größte Unternehmenszusammenschluss des Jahres. In den USA beherrschte Exxon damit knapp 25 Prozent des Ölmarktes. 1911 hieß dieses Unternehmen noch Standard Oil New Jersey (NJ), ein Rockefeller-Unternehmen. Wegen seiner damaligen Monopolstellung am US-amerikanischen Markt wurde es durch das amerikanische Höchstgericht, den US-Supreme Court, zur Aufteilung in ebenjene beiden, nun wieder fusionierten Unternehmen gezwungen.
- Anfang Dezember 1998 erfuhr man schließlich vom Zerlegen eines Weltkonzerns. Hoechst, globaler Pharma-Primus, wurde aufgelöst. Heute ist die Hoechst AG ein Unternehmen der französischen sanofi-aventis-Gruppe. Hoechst war 1977 noch das größte deutsche Unternehmen, nun kündigte 1998 der damalige Konzernchef Dormann den Verkauf an. Für ihn war das ein Niedergang, dessen wesentlichen Grund er in der Aufteilung des IG-Farben-Kartells durch die Alliierten im Jahre 1945 sah.

Man beachte: ein Zeitpunkt, der damals über 50 Jahre zurücklag!

– 1998 brach der Hedge Fund Long Term Capital Management (LTCM) zusammen. Gerade auch seine Engagements in Asien zwangen ihn in die Knie. Die bereits erwähnte schweizerische Bank UBS hatte bei ihrem Engagement in diesen Hedge Fund einen Verlust von knapp einer Milliarde Schweizer Franken erlitten.

Disparate Ereignisse – was haben ihre Akteure wie UBS, IG Farben i. L., Exxon, Standard Oil NJ und andere miteinander zu tun?

Nun, die durch den Zusammenschluss von Bayer, BASF und Hoechst entstandene IG Farben gründete 1928 in der Schweiz die IG Chemie Basel. Dieses Unternehmen firmierte nach aussen als schweizerisches Unternehmen. Die IG Farben, die profitabel den Ersten Weltkrieg mit der Produktion von Giftkampfstoffen verlängert hatte, wollte mit diesem Unternehmen unter anderem Gewinne aus dem Ausland am deutschen Fiskus vorbeischleusen. Die deutsche Dominanz durch die IG Farben war mit entsprechender Verteilung der Vorzugsaktien gesichert. Aber auch der erleichterte Zugang zu den internationalen Finanzmärkten war beabsichtigt. Die IG Chemie Basel als deutsches Unternehmen wurde zur damals größten Finanzgesellschaft in der Schweiz. Eine ihrer Hauptaktivitäten war die Steuerung von ausländischen Beteiligungen. Man wollte verhindern, dass IG-Farben-Beteiligungen wieder – wie während des Ersten Weltkrieges – konfisziert werden konnten. Mitte der 20er-Jahre war es der IG Farben gelungen, aus einem Kohleflöz Benzin zu gewinnen, was eine mittelfristige Bedrohung der bis dahin ungefährdeten Position der Deutsch-Amerikanischen Petroleum

AG auf dem deutschen Markt darstellte. Das Unternehmen gehörte zu 95 Prozent der Standard Oil New Jersey. Das neue Hydrierverfahren war angesichts der damaligen Umstände und Kenntnisse über die Ölvorkommen dazu geeignet, Standard Oil NJ zu einer Übereinkunft mit der IG Farben zu veranlassen. Sie bestand darin, dass die IG Farben die Verpflichtung übernahm, sich aus den Ölgeschäften herauszuhalten, während die Standard Oil NJ von eigenen chemischen Unternehmungen abließ, soweit diese nicht unmittelbar mit dem Ölgeschäft zu tun hatten. Zum Vorteil der IG Farben war der Vertrag dergestalt, dass die dort getroffenen Vereinbarungen zugunsten der IG Farben weltweit galten, also auch in den USA. Dies sollte in der Folge zu einer bedrohlichen Knappheit an synthetischem Gummi für die Kriegsproduktion der USA führen. Wie eng die Interessen hier verwoben waren, formulierte der damalige Vorstandsvorsitzende der Standard Oil NJ, Frank Howard, ganz offen: »Wir taten unser Bestes, um einen modus vivendi (mit IG Farben) zu erreichen, der uns über die Kriegszeiten bringen sollte, ganz gleich, ob die Vereinigten Staaten in den Krieg eintreten würden oder nicht.«[112]

Das deutsch-amerikanische Abkommen wurde publik. Vor dem US-Senatsausschuss für Patentrechte startete Senator La Follette im Mai 1942 eine Attacke gegen internationale Kartelle und ihre gefährliche Beeinträchtigung des nationalen Verteidigungsprogramms der USA. Dabei griff er besonders das Abkommen zwischen Standard Oil NJ und IG Farben an: »Die Anti-Kartellbehörde des Justizministeriums hat kürzlich offengelegt, dass Standard Oil New Jersey mit der deutschen IG Farben konspirierte. Mit ihrem Labyrinth internationaler Kartelle bildet die IG Farben die Speerspitze des Wirtschaftskrieges der Nazis. Durch die Kartellvereinbarungen mit Standard Oil wurden die Vereinigten Staaten daran gehindert, die Entwicklung synthetischen Gummis zu betreiben oder ausreichende Mengen davon herzustellen.«[113] 1929 hatte die Standard Oil NJ zudem zusammen mit der IG Farben die Standard I.G. Company gegründet. Dieses Unternehmen erhielt, mit Ausnahme für das damalige Deutsche Reich, die weltweiten Rechte auf das Hydrierungsverfahren.

Die Abmachungen wurden von einigen US-amerikanischen Wirtschaftskreisen attackiert, weil sie in solchen Kartellen eine Bedrohung der »friedlichen Weltwirtschaft« sahen. Bei der Diskussion um die Zukunft Deutschlands nach dem Krieg spielte diese Überzeugung noch einige Zeit eine wichtige Rolle. »Elimination Of German Resources For War« wurden beispielsweise die Anhörungen genannt, die vor dem »Subcommittee Of The Committee On Military Affairs United States Senate« noch Ende 1945 stattfanden. Zur Bedrohung einer vermeintlich liberalen Wirtschaftsdemokratie durch Kartelle erschienen in den 1940er-Jahren mehrere Abhandlungen. Eines der bekanntesten Werke war und ist »Cartels: Challenge to a Free World« von Wendell Berge.[114]

Nach dem Krieg wurde die IG Chemie Basel, noch Eigentum der IG Farben, durch die Schweizer Treuhänder in Interhandel umgetauft. Gleichzeitig verkündeten die Schweizer Treuhänder, dass das Unternehmen schon immer eine schweizerische Firma gewesen sei. Kurz darauf verlangt Interhandel konsequenterweise die Herausgabe der in den USA beschlagnahmten GAF – die 1926 von der IG Farben gegründete American IG Chemical Corporation, 1940 in General Anilin and Film Corporation (GAF) umbenannt. Das Unternehmen GAF diente in den 20er-Jahren auch dazu, die Unternehmen wiederzuerlangen, die durch die USA während des Ersten

Weltkrieges beschlagnahmt worden waren. Im Jahre 1942 erklärte das Deutsche Reich den USA den Krieg, worauf die GAF durch die Amerikaner beschlagnahmt wurde. Die GAF bestand zu 80 Prozent aus IG-Chemie-Basel-Aktiva. Die von Interhandel urgierte Herausgabe erfolgte schließlich im Jahre 1946.

Zur gleichen Zeit hatte sich der Wert der IG-Farben-Aktien an der Münchener Börse im Vergleich zum Oktober 1945 verdoppelt, sodass gescherzt wurde: »Die Spekulanten wollen wohl den Internationalen Kontrollrat kaufen, der bekanntlich Inhaber der Besitztitel ist.«

Zwischen den Jahren 1946 und 1955 begann ein zäher Kampf zwischen (den Anteilseignern) der IG Farben und der US-amerikanischen Dekartellisierungsbehörde. Am Ende obsiegte die IG Farben, dann deren Nachfolger Bayer, BASF, Hoechst und IG Farben i. L.: Anonyme Beteiligungen waren wieder möglich, die Eigentumsverhältnisse blieben nichtnachvollziehbar. Genau das wollten damals einige, am Ende nicht besonders einflussreiche US-amerikanische Kreise verhindern.

Die Interhandel erhielt 1958 einen neuen Vorstandsvorsitzenden, den Direktionspräsidenten der Schweizerischen Bankgesellschaft (SBG). Anfang der 60er-Jahre erzielte die GAF in den USA einen Umsatz von 179 Millionen Dollar und einen Gewinn von 9,5 Millionen Dollar. In dieser Zeit initiierten die Vertreter von Interhandel in den USA Gespräche mit dem damaligen US-amerikanischen Finanzminister Robert Kennedy. Letztlich willigte diser in eine Liquidierung der GAF ein, 50 Prozent erhielt das US-amerikanische Finanzministerium, die anderen 515 Millionen Schweizer Franken gingen an die Interhandel.

1967 fusionierten die SBG und die ehemals der IG Farben eigene schweizerische Finanzholding Interhandel. Damit avancierte die

SBG zur größten Schweizer Bank, noch vor der Kreditanstalt und dem Bankverein.

In jenen Jahren bemühte sich IG Farben i. L. mehrmals, durch Gerichtsverfahren zu beweisen, dass die Interhandel auch nach 1940 weiter deutsch, also direkt von der IG Farben geleitet worden sei. Somit habe sich die Schweizerische Bankgesellschaft das Unternehmen Interhandel (vormals IG Chemie Basel) widerrechtlich angeeignet. In dieser Sache klagte die IG Farben i. L. gegen die SBG, heute UBS.

Mitte der 90er-Jahre fand in der *Neuen Zürcher Zeitung* eine Debatte unter dem Titel »Die Schatten des Zweiten Weltkrieges« statt. Es ging um Raubgold, um die Involvierung der Schweiz als Marketenderin im Zweiten Weltkrieg. Der bekannte Schweizer Soziologe und Autor Jean Ziegler beschuldigte die Eidgenossenschaft gar, den Krieg wissentlich um des eigenen Profits willen zugunsten des faschistischen Deutschen Reiches verlängert zu haben.

Im gleichen Zeitraum verklagten drei ehemalige polnische Zwangsarbeiter die IG Farben i. L. auf die Zahlung von Schmerzensgeld und einbehaltener Löhne für die damalige Zwangsarbeit auf der Baustelle der IG Farben in Monowitz bei Auschwitz. Volker Pollehn, einer der damaligen beiden Liquidatoren der IG Farben i. L., sah aber keine Verpflichtung auf Entschädigungszahlung. Dagegen schlug er pfiffig vor, die schweizerische Bank UBS möge doch 4,3 Milliarden Deutsche Mark (heute etwa 2,2 Milliarden Euro) an die IG Farben i. L. zahlen, quasi als Entschädigung für die früheren Vermögenswerte der IG Farben in der Schweiz, also für die damalige IG Chemie Basel beziehungsweise Interhandel. Dann würde man gerne dem Aufsichtsrat der IG Farben i. L. empfehlen, dass zwei Drittel des derart wiedererlangten Vermögens in eine Stiftung fließen sollten, aus der dann die noch überlebenden Zwangsarbeiter der IG Farben entschädigt werden könnten.

Am 65. Jahrestag der Reichspogromnacht vom 9. zum 10. November 1938 meldete die IG Farben i. L. ihren Konkurs an. Wo sind die Teile des Wertklumpens geblieben? Auf der Hauptversammlung im September 2001 wurde durch den Liquidator und Bundestagsabgeordneten der CDU, Otto Bernhardt, das Jahr 2003 als Zeitpunkt bekannt gegeben, bis zu dem das Unternehmen vollständig abgewickelt sein sollte. Also Teile des Wertklumpens an die KZ-Opfer? Bis 2003 versuchte die Abwicklungsgesellschaft, die Liquidation hinauszuzögern. Das Vermögen schrumpfte von Jahr zu Jahr, indem Pensionen an ehemalige leitende Angestellte bezahlt wurden, obwohl diese Angestellten teils Angeklagte der Nürnberger Prozesse waren. Noch im Jahre 2001 betrug das Vermögen mehrere Millionen Euro. 2003 ist das Unternehmen IG Farben i. L. zahlungsunfähig. Die IG Farben hat ihr Restvermögen endgültig in Sicherheit gebracht.

So beispielsweise 1993, als durch eine Kapitalausschüttung an den damaligen Hauptaktionär, WCM Beteiligungs- und Grundbesitz-AG, das Vermögen der IG Farben i. L. von 80 Millionen Euro auf 13 Millionen Euro dezimiert wurde. Das Vermögen der IG Farben i. L. wurde seitdem gezielt an den Immobilien- und Beteiligungskonzern WCM verschoben. Im Geschäftsbericht der WCM für das Jahr 1999 und das Jahr 2002 gibt es keinen Hinweis auf eine IG-Farben-Beteiligung. 2004 geht ein Teil des Wertklumpens wieder dorthin, wo er schon mal gewesen war, in die USA: »Die WCM Beteiligungs- und Grundbesitz-AG hat heute den Verkauf ihrer rund 31 000 Wohnungen an den US-Finanzinvestor Blackstone bekannt gegeben.« [115] Eines war erreicht, was die Firma IG Farben i. L. wollte, ihr aber gerichtlich verboten worden war: den Namen zu ändern. Das Vermögen der IG Farben arbeitet jetzt unter anderem Namen.

Zur Erinnerung: Ein Teil des Wertklumpens ist der Verwertung von Leichen zu verdanken. KZ-Häftlinge wurden gegen eine Gebühr von 4,– bis 8,– Reichsmark täglich an Industriefirmen verliehen. Obwohl die durchschnittliche Lebensdauer der Häftlinge mit nur 9 Monaten veranschlagt war, ergab die Rentabilitätsberechnung der SS einen Reingewinn von 1431 Reichsmark pro Person, zu dem noch weitere 200,– Reichsmark aus der rationellen Verwertung der Leiche geschlagen wurde. Welche Wohnungen nun genau aus diesem Reingewinn heute bei der WCM gebaut und instandgesetzt werden, das ist natürlich kaum zu beantworten

Was ist also ein Wertklumpen? Die Geschichte der IG Farben verhilft zu einer ersten Antwort. Es ist die Summe von Vermögen, das vorwiegend durch Bargeld, Immobilien, Aktien und Patente verkörpert wird. Wenn der Wertklumpen überleben will, dann muss er wachsen, dann muss er mehr werden. Und dafür scheinen manche Eigentümer eines Wertklumpens auch über Leichen zu gehen.

Warum der Name einer Aktiengesellschaft völlig egal ist

Beginnen wir mit der Geschichte eines Konzerns, der als Aktiengesellschaft vor über 100 Jahren gegründet worden und heute in seinem angestammten Geschäft nicht mehr existent ist: Mannesmann. Den Waren, den Produkten, mit denen der Konzern Gewinn, Profit gemacht hatte, sind nach und nach andere Waren, andere Güter, andere Dienstleistungen gefolgt. Ganze Produktionsstrukturen haben sich geändert, sind andererseits größtenteils untergegangen. Aber eines ist geblieben, die Werte, die mit ihnen einmal geschaffen und akkumuliert worden sind. Es ist das in der jeweiligen Bilanz angegebene Anlagevermögen und Umlaufvermögen, in unterschiedlicher Größe und Struktur.

Das Anlagevermögen ist dazu bestimmt, dauernd dem Geschäftsbetrieb zu dienen. Dazu gehören die zur Produktion notwendige Infrastruktur wie Grund und Boden sowie Gebäude und Maschinen. Ebenfalls zum Anlagevermögen gerechnet werden Finanzanlagen wie mehrjährige Anleihen oder erworbene Anteile an anderen Unternehmen. Weiterhin umfasst das Anlagevermögen auch immaterielle Vermögensgegenstände. Hierzu zählen erworbene Rechte wie Lizenzen und Patente, im Markt etablierte und angesehene Marken sowie spezielle Fähigkeiten des Unternehmens. So zählt in der Medienindustrie das immaterielle Vermögen zu den wichtigen Elementen der Bilanz, können hier die zukünftig zu erwartenden Erträge aus Film- oder Musikrechten aufgeführt und kapitalisiert werden. Positionen also, die unter dem Gesichtspunkt der Verwertbarkeit eine zunehmend wichtige Rolle spielen. Das international relevante Stichwort dafür sind die Intellectual Property Rights, die geistigen Eigentumsrechte. Zum Umlaufvermögen zählen vorwiegend Bargeldbestände, Bankkonten sowie kurzfristig verfügbare Finanzanlagen.

Diese gängige Darstellung suggeriert eine Vollständigkeit, die es nicht geben kann. Der Grund dafür liegt darin, dass in der Gestaltung der Bilanzpositionen viel Ermessensspielraum steckt. Was hier von Interesse ist, ist die Tatsache, dass die Aktivseite der Bilanz nach dem Grad der Liquidität aufgeteilt ist. Grob gesprochen, Grund und Boden sind weniger schnell zu Geld zu machen, Bargeldbestände und Bankkonten sind jederzeit verfügbar.

Es liegt auf der Hand, dass sich das Anlagevermögen in Form von Grund und Boden sowie von Gebäuden und Maschinen entsprechend der jeweiligen Geschäftsausrichtung ändern, ja sogar völlig verschwinden kann. Dennoch sind es diese Bestandteile des Anlagevermögens gewesen, mit denen Werte produziert wurden und Geld verdient worden ist.

Mannesmann ist und war eine Aktiengesellschaft, in der Vermögen steckt und steckte, das mit einem Anlagevermögen gewonnen wurde, das heute physisch nicht mehr existent ist. Es sind jedoch Werte geschaffen worden, die bis heute in verschiedener Form sehr gut und nachhaltig überlebt haben.

1885 beginnt mit dem Walzverfahren zur Herstellung nahtloser Stahlrohre in Remscheid die Geschichte der Mannesmann AG.[116] Sie entsteht 1890 als Deutsch-Österreichische Mannesmannröhren-Werke Aktiengesellschaft mit Sitz in Berlin. Das neue Unternehmen gehört zu den zehn größten Kapitalgesellschaften im damaligen Deutschen Reich. 1893 zieht die Firmenzentrale nach Düsseldorf. Noch vor dem Ersten Weltkrieg wird die vertikale Integration, also das Zusammenfassen von Betrieben vor- und nachgelagerter Produktionsstufen von Produkten unter einer einheitlichen Unternehmensführung, hier von der Sicherstellung der Versorgung mit strategischen Rohstoffen bis hin zur Produktion und dem Absatz von Rüstungsgütern vollzogen.

Nach dem Zweiten Weltkrieg werden die Mannesmannröhren-Werke 1952 in drei selbständige Unternehmen aufgeteilt: Mannesmann AG, Consolidation Bergbau AG und Stahlindustrie und Maschinenbau AG. Nur drei Jahre später erfolgt der Wiederzusammenschluss dieser Unternehmen unter Führung der Mannesmann AG, die fortan die Konzernspitze bildet. 1970 entsteht mit der

Mannesmannröhren-Werke AG einer der größten Rohrproduzenten der Welt. Auch das ist einer der vielen Beiträge zum sogenannten deutschen Wirtschaftswunder, welches nicht nur darauf beruht, dass gerade einmal 8 Prozent der westdeutschen Industriekapazitäten im Mai 1945 zerstört waren.

20 Jahre später ist das Kapital von Mannesmann in den Geschäftsbereichen Maschinen- und Anlagenbau, Antriebs- und Steuerungstechnik, Elektrotechnik und Elektronik, Fahrzeugtechnik sowie in der Produktion und Handel mit dem Ursprungsprodukt Stahlrohr angelegt. 1990 wird durch den Erwerb der Lizenz zum Aufbau und Betrieb des ersten privaten Mobilfunknetzes D2 in Deutschland ein weiteres Wertwachstum der Aktiengesellschaft eingeleitet. Innerhalb kürzester Zeit ist das Unternehmen Marktführer im Bereich Mobilfunk in Deutschland. Das Gemeinschaftsunternehmen mit der Deutschen Bahn AG im Festnetz-Bereich wird 1996 die Mannesmann Arcor AG & Co.

1999, mehr als 100 Jahre nach der Gründung der Aktiengesellschaft, ist die Mannesmann AG ein reiner Konzern der Telekommunikation geworden. An die Zeiten der Schwerindustrie erinnert nichts mehr. Im August 2001 findet die letzte Hauptversammlung der Mannesmann AG statt. Die Umfirmierung in Vodafone ist beschlossen. In welcher Form auch immer, die Aktiva als Summe des Anlage- und Umlaufvermögens sind auf Vodafone übergegangen. Da sind die Gewinne und Profite aus dem Verkauf von Röhren drin, dort sind es die Profite der Sparte Automobiltechnik, hier sind es die Profite aus dem Anlagenbau. Wenn man heute also etwas über die Werte von Mannesmann erfahren will, dann muss man in den Büchern von Vodafone recherchieren – wenn man es denn darf. Fündig werden wird man aber nicht, wenn man nach Mannesmann sucht, denn an den dort entsprechenden Werten wird nicht das Namensschildchen Mannesmann hängen. Künftig erinnert nur noch die Düsseldorfer Adresse an die 1890 gegründete Aktiengesellschaft vom Rhein: das Mannesmannufer.

Das war und ist also eine Geschichte eines weiteren Wertklumpens. Die Bodenhaftung hat er anscheinend nicht verloren. Schließlich macht er gegenwärtig seine Profite mit Telekommunikationsdienstleistungen. In der Sprache des heutigen Wirtschaftsalltags heißt es, sein Kerngeschäft ist ein anderes geworden. Solche Wechsel des Kerngeschäfts lassen sich aber wirklich nicht mit der neoklassischen Ökonomie erklären.

Es gibt noch mehr Wertklumpen: Kapitalbeteiligungen unter dem Namen wie Private Equity, Hedge Fonds und Venture Capital sind in aller Munde. Sie werden zuweilen als Heuschrecken verteufelt und werden damit Gegenstand einer Wahrnehmung, die rationale Verhaltensweisen im kapitalistisch irrationalen Umfeld moralisch zu verstehen sucht. Der Badische Wertpapierclub sieht das gefasster: »Es geht schlicht um Geldvermehrung, egal wie.«[117] Das ist die conditio sine qua non des Kapitalismus. Wenn das zu bunt getrieben wird, dann wird das gerne als ein ungebührliches und unschickliches Verhalten der Kapitalseite verurteilt.

Eine einheitliche Definition der Hedge Fonds gibt es nicht. Das englische Verb ›to hedge‹ bedeutet absichern, sich schützen. Die Bezeichnung Hedge Fonds dient als Oberbegriff für spezielle, privat gemanagte Investmentgesellschaften.

Hedge Fonds verfolgen das Ziel, unabhängig vom Marktszenario, beispielsweise auch bei fallendem Aktienindex, positive Erträge zu erzielen. Hedge Fonds sind Kapitalsammelstellen, die weitgehend unabhängig von gesetzlichen Vorgaben Kapital anlegen. Vorrangiges Ziel eines Hedge Fonds ist es, von gesamtwirtschaftlichen Ereignissen zu profitieren. Es wird mit Wechselkursentwicklungen und Nachfrageänderungen, aber auch mit Kriegen sowie mit Naturkatastrophen spekuliert. Neben den Marktsegmenten Aktien und Anleihen können auch Kontrakte auf Währungen, Zinsen und Waren aus dem Rohstoff- und Energiesektor von Hedge Fonds gehandelt werden. Die drastisch gestiegenen Benzinpreise im Jahre 2006 sind teilweise solchen Spekulationen zuzuschreiben.

Bei Private Equity beteiligen sich Investoren an wachstumsstarken, nicht börsennotierten Unternehmen. Wachstum ist auch hier ein Wertbegriff: aus einer vorgeschossenen Summe an Geld soll mehr Geld werden. Venture Capital und Private Equity ermöglichen Unternehmen, sich Eigenkapital zu beschaffen. Sie müssen es, im Gegensatz zu Fremdkapital, das sie sich borgen müssen, nicht verzinsen. Das Interesse der Eigenkapitalgeber ist eindeutig: eine steigende Wertentwicklung des Unternehmens lässt das investierte Geld wachsen.

Je nach Phase der Unternehmensfinanzierung, in der sich der Investor in dem ausgewählten Unternehmen engagiert, wird dabei begrifflich zwischen Venture Capital und Private Equity differenziert. Unter Venture Capital werden die anfänglichen Phasen der Unternehmensfinanzierung verstanden. Private Equity dagegen bezeichnet die späteren Phasen der Unternehmensentwicklung, in denen das Unternehmen bereits gewinnbringend arbeitet. Als Oberbegriff hat sich inzwischen jedoch Private Equity etabliert.

Diese Geschäfte sind im kapitalistischen Umfeld nicht weiter aufregend. Die eigentlich spannende Frage ist es, wieso die Aktivitäten solcher Wertklumpen zu Beginn des 21. Jahrhunderts die Gemüter so erregen? Schon Keynes hatte, wie bereits zitiert, vor solchen Entwicklungen gewarnt: »Wenn die Kapitalentwicklung eines Landes das Nebenerzeugnis der Tätigkeiten eines Spielsaales wird, wird die Arbeit voraussichtlich schlecht getan werden.«[118]

Aber jetzt beunruhigt es auch die Deutsche Bundesbank. Unter dem Titel »Portfoliooptimierung in volatilen Zeiten« beschäftigt sie sich mit der Liquiditätsschwemme, welche die Aktivitäten dieser Wertklumpen richtiggehend anstachelt. Denn zwischen der Aufgabe einer Notenbank und den Anlagestrategien der Wertklumpen besteht eine wichtige Beziehung: Eine sinnvolle und nachhaltige Optimierung des Vermögens dieser Wertklumpen setzt stabiles Geld voraus. Stabiles Geld erleichtert Investitions- und Anlageentscheidungen. Inflation bedeutet Wertverlust. Eine gute Geldpolitik ist daher Voraussetzung einer guten Geldanlage.[119]

Liquidität? Was ist das? Darunter versteht man allgemein die vorhandene Geldmenge in einer Volkswirtschaft. Was ist Geld? Bei der Beantwortung dieser Frage kommen wir wieder zurück auf die Thematik: ab wann ist Geld nicht mehr Geld als Zahlungsmittel, sondern Kapital? Diese Unterscheidung wird von der Bundesbank, die es ja wissen müsste, durchaus gesehen. Die Begründung dafür ist jedoch eine Hilfskonstruktion. Nicht umsonst betont die Bundesbank in ihren Analysen die Unschärfe des Geldbegriffs. Sie definiert Geld als Geld, wenn seine Funktion als Zahlungsmittel einen Horizont von maximal 2 Jahren hat. Zwischen Geld als Geld und Geld als Kapital besteht also ein Unterschied in der zeitlichen Dispositionsmöglichkeit. Es sind lange Debatten darüber geführt worden, in welcher Weise nun Geld gegenüber Kapitalanlagen im Sinne längerer Bindung des Geldes abzugrenzen sei. Liquidität ist also ein sehr breiiger Begriff. Eine analytisch nachvollziehbare und brauchbare

Lösung hat die neoklassische Ökonomie nicht. Wir wissen es bereits: für die Ökonomie spielt Geld im Wirtschaftsleben keine Rolle. Die (Lehrbuch-)Ökonomie sieht sich also mit einer Schwemme von Nichts konfrontiert.

Aber dieses Nichts macht allen schwer zu schaffen. Den Hedge Fonds eilt seit je der Ruf voraus, eine unbändige Macht am Finanzmarkt zu sein. Anfang der 1990er-Jahre war es George Soros mit seinem Hedge Fonds, der das britische Pfund aus dem Europäischen Wechselkurssystem kegelte und mehr als eine Milliarde Dollar Gewinn einstrich. Ende der 1990er-Jahre verzockten sich immerhin die Nobelpreisträger für Wirtschaftswissenschaften des Jahres 1997, Myron Scholes und Robert C. Merton. Sie berieten den Fonds Long Term Capital Management. Der setzte 4,6 Milliarden Dollar in den Sand. Die Welt rutschte an den Rand einer Finanzkrise. 2005 sorgte der Fonds TCI für Aufruhr, als er den Chef der Deutschen Börse herauswarf – ohne eine Kontrollmehrheit an der Börse zu besitzen.

Das Private Equity Unternehmen Blackstone hat seit seiner Gründung in New York im Jahr 1985 bereits rund 30 Milliarden Dollar in verschiedenen Fonds angesammelt. Der aktuelle Fonds ist mehr als 6 Milliarden Dollar schwer.

Carlyle zählt in der Branche zu den Schwergewichten. Die Partner managen weltweit ein Investitionsvolumen von 18,3 Milliarden Dollar. Allein 2003 haben die Verantwortlichen 2,5 Milliarden Dollar unter anderem in Firmenkäufe und Immobilien eingebracht. In Amerika hat Carlyle beste Verbindungen zum republikanischen Establishment. Für den Konzern arbeiteten unter anderen der ehemalige US-Außenminister James Baker und Ex-Präsident George Bush senior. Mindestanlagesumme für Investoren: fünf Millionen Dollar.

Dagegen gerät die Handlungsweise des Versicherungskonzerns Allianz zusehends in Vergessenheit. 2005 machte das Unternehmen einen Rekordgewinn, baute darauf in einem noch nicht dagewesenen Maße Arbeitsplätze ab, um, wie es verlautbart wird, sich konkurrenzfähig zu halten. Gleiches Thema wie bei Private Equity, Hedge Fonds und Venture Capital: Es geht um mehr Geld, das mehr Geld werden soll.

Geld scheint also da zu sein. Geld als Kapital, das mehr Geld abwerfen soll. Die weltweit vorhandene Liquidität beunruhigt. Weshalb sie so massenhaft auf die Finanzmärkte drückt, wie sie entsteht und wie sie entstanden ist, darüber gibt es kaum befriedigende Erklärungen. Finanzinstitutionen müssen sich auf empirisch-deskriptive Zustandsbeschreibungen, auf Statistiken abstützen. Die Europäische Zentralbank widmete dem Thema letzthin eine hochrangige Konferenz »Financial Statistics for a Global Economy«[120].

Die für die Erarbeitung von wirtschaftspolitischen Alternativen jedoch entscheidende Frage ist: Woher und wann kommt eine sogenannte Liquiditätsschwemme? Worauf ist diese Geldflut zurückzuführen? Wo sind die Ursachen dafür zu finden? Vor allem, was passiert, wenn Liquidität knapp wird? Wenn es plötzlich kein Geld mehr gibt? Die Ökonomie vermag dazu keine Antworten zu geben. Andere Erklärungsversuche sind noch im Stadium der Vermutungen.

Ein Blick in die sogenannte reale Welt zeigt, dass die technologische Entwicklung eine permanente Strukturveränderung im Realkapital bewirkt. Die Innovationen in der Informationstechnik und der Telekommunikation sind eine Ursache dafür. Diese setzen nicht nur menschliche Arbeitskraft in größeren Dimensionen frei. Sie ermöglichen es auch, mit weniger Geld die gleiche Menge Investitionen zu tätigen. Ein Schlüssel für das Verständnis dafür ist die Art der

Entwicklung des fixen Kapitals. Unter fixem Kapital versteht man Gebäude, Maschinen und Anlagen, deren Wert schrittweise auf die hergestellten Waren übertragen wird. Das reflektiert sich betriebswirtschaftlich in der Abschreibung, die den jeweiligen Wertverlust reflektiert. Er wird als Aufwand in der Gewinnermittlung berücksichtigt. Bei der Entwicklung der technisch-stofflichen Zusammensetzung von fixem Kapital spielen ebenso die Investitionen in die Informationstechnik und Telekommunikation eine herausragende Rolle.

Eine weitere Ursache für die Liquiditätsschwemme wird in der Geldpolitik der Notenbanken vermutet. Sie zielt mit der Erhöhung der Geldmenge auf niedrigere Zinsen ab, um Anreize für arbeitsplatzschaffende Investitionen zu schaffen. Weiter werden die Geldzuflüsse aus Schwellenländern wie China als Ursache für die Liquiditätsschwemme aufgeführt. Häufig wird auch die Spekulation mit verschiedenen Kreditformen genannt, die von den Geschäfts- und Notenbanken nicht beeinflussbar sind.

Die analytische Ratlosigkeit gipfelt in der populären Klage, die Entwicklungen in der Finanzwirtschaft und in der Realwirtschaft klaffen immer weiter auseinander. Statt in Investitionen fließen Milliardenbeträge in spekulative Anlagen. Dafür werden immer verrücktere Finanzinstrumente kreiert. Derweilen fehlen in der Realwirtschaft die Ideen, um neue Arbeitsplätze zu schaffen – und die dafür nötigen Mittel, weil die Investitionen in erster Linie große Erträge abwerfen müssen. Die Jagd nach Rendite erzeugt immer wieder riesige Blasen.

Es ist eine analytische Hilflosigkeit, die mit Metaphern verdeckt wird: Raffzahnkapitalismus, Raubtierkapitalismus, Turbokapitalismus oder Kasinokapitalismus. Dahinter steht das Verlangen nach einer ordentlich funktionierenden Marktwirtschaft. Der Kapitalismus solle gefälligst sauber bleiben.

Solche Aufforderungen sind Ausdruck einer Abscheu. Lösungsorientiert sind sie nicht. Denn wo endet, ökonomisch gesehen, die Sauberkeit? Bei 10 Prozent, 30 Prozent oder 120 Prozent Profit? Die Empörung übersieht, dass ein sogenanntes Auseinanderfallen von Realwirtschaft und Finanzwirtschaft eine tieferliegende Ursache hat. Sie ist mit der Frage zu beleuchten, wieso die Werte, eben das Geld, der Profit, die in der sogenannten Realwirtschaft geschaffen werden, ein Gegenstand solch erbitterter Spekulationen in der sogenannten Finanzwirtschaft sind. Dem Kapitalismus quasi zuzurufen, er möge gefälligst ordentlich und bescheiden bleiben und seine Profite in arbeitsplatzschaffende Investitionen lenken, hat einfach den säuerlichen Geruch einer frommen Hoffnung.

Der Wertklumpen, der von Mannesmann zu Vodafone wird, das Agieren von Wertklumpen wie Private Equity, Hedge Fonds und Venture Capital zeigen, dass es darum geht, einfach mehr Geld zu machen. Der Begriff Heuschrecke zeigt ein flottes und gefährliches Unverständnis dieses Themas. In zugespitzter Form werden die Wertklumpen attackiert, da sie ohne rechtschaffene Arbeit ihre Gewinne einfahren. Demgegenüber der solide Unternehmer, der noch mit eigener Hände Arbeit das Geschick des Unternehmens lenkt. Ebenso bequem unbekümmert sowie kaum solide sind die daran anschließenden Überlegungen, die in dem Aufruf gipfeln: »Rettet den Kapitalismus. Die Börse zerstört jede langfristige Unternehmensstrategie – Zeit, sich vom Shareholder-Value zu verabschieden.«[121] Ohne die zivilisatorische Kraft der Aktiengesellschaften würden die Autoren solcher Einsichtsversuche noch mit der Schreibfeder und dem Tintenfass ihrer Tätigkeit nachgehen müssen. In manchen Fällen säßen sie noch auf den Bäumen oder unter dem Busch.

Wie bereits im Kapitel Managementfehler erörtert, liegt ein wichtiger analytischer Zugang zum Verständnis von Wertklumpen in der Prüfung der Trennung von Management und Eigentum. »Das Kapital, das an sich auf gesellschaftlicher Produktionsweise beruht und eine gesellschaftliche Konzentration von Produktionsmitteln und Arbeitskräften voraussetzt, erhält hier direkt die Form von Gesellschaftskapital im Gegensatz zum Privatkapital, und seine Unternehmungen treten auf als Gesellschaftsunternehmungen im Gegensatz zu Privatunternehmungen. Es ist die Aufhebung des Kapitals als Privateigentum innerhalb der Grenzen der kapitalistischen Produktionsweise selbst. Verwandlung des wirklich fungierenden Kapitalisten in einen bloßen Manager, Verwalter fremden Kapitals, und der Kapitaleigentümer in bloße Eigentümer, bloße Geldkapitalisten.«[122]

Marx hat also sehr früh die Trennung von Aktionären (als Kapitaleigentümer) und Managern, die diese Unternehmen beispielsweise als Vorstandsvorsitzende leiten, thematisiert. Eine Trennung, welche einen Interessengegensatz zwischen dem Shareholder-Value und den Interessen der im Unternehmen Beschäftigten (einschließlich des Vorstandsvorsitzenden!) erzeugt.

Diese Trennung von Eigentum und Management ist akaum Gegenstand alternativer Gegenentwürfe geworden. Keynes sah in dieser Trennung eher den ausschlaggebenden Faktor für die Volatilität der Börse und der Kapitalmärkte. Darüber hinaus weisende Überlegungen sind bei ihm nicht zu finden. Die neoklassische Ökonomie kann den Sachverhalt hingegen nicht einmal formulieren!

Die gnadenlose Anerkennung dieser Trennung ist zuweilen verblüffend. In Fällen, in denen die Schließung eines Werks, eines Unternehmens droht, reagieren Betriebsräte und zuweilen ihr gewerkschaftlicher Beistand schnell. Es werden Studien, Untersuchungen zu möglichen Alternativen in Auftrag gegeben. Im überwiegenden Teil der Fälle werden überzeugende Gegenvorschläge vorgelegt, die den Bestand des Unternehmens sichern könnten. Wenn jedoch die Konzernspitze, also wohlgemerkt das Management, solche gangbaren Alternativen einfach ablehnt, da das Eigentum, also die Mehrheitsaktionäre, andere Interessen verfolgen, dann wird unfreiwillig kapituliert: »Die Manager hier sind bloß Verwalter.«[123] Da wird offensichtlich nicht zu Ende gedacht, denn so akzeptiert man letztlich immer die wirtschaftlichen Interessen der Mehrheitsaktionäre.

Die Flexibilität, die Schnelligkeit, mit der Geld als Kapital mal hier, mal dort eingesetzt werden kann, macht den Unternehmenszweck und den Namen einer Aktiengesellschaft letztlich unwichtig. Ob die Aktiengesellschaft nun Hemd und Hose AG heißt, ob beispielsweise 80 Prozent der Aktiengesellschaft Private Equity Gesellschaften gehören, das ist den Hemden und Hosen egal. Sie sind lediglich die Brücke aus nützlichen Dingen, bei deren Überquerung eben mehr Geld gemacht werden kann. Da kann die Brücke Joghurt AG, Röhren AG oder Waffen AG heißen, dem Wertklumpen ist der Name seiner Aktiengesellschaft letztlich völlig egal.

Kapitalistische Paradoxien: »Hunger im Überfluss« oder Armut trotz Reichtum

Fassen wir die Überlegungen zu den Kampfbegriffen sowie zum Wertklumpen und den Aktiengesellschaften zusammen.

Gibt es eine Kausalität zwischen Arbeitsmarkt und Bruttoinlandsprodukt dergestalt, dass ausschließlich der Arbeitsmarkt über das Wohlfahrtsniveau einer Volkswirtschaft bestimmt? Gibt es diese von der Ökonomie behauptete Abhängigkeit, die nicht nur in den Lehrbüchern gerne dargestellt wird? Die Antwort fällt zweimal negativ aus. Der Arbeitsmarkt ist eben nicht der Ort, wo über das Schicksal des gesamtwirtschaftlichen Wohlstandes entschieden wird.

Gibt es etwas anderes als Lohnkosten? Nein, auch dann nicht, wenn die sogenannten Nebenkosten als Nachfragebestandteile entschuldigt werden. Im Gegenteil, der Versuch, die Arbeitslöhne sowie die Renten unter ein Niveau zu drücken, das ein anständiges und angemessenes Auskommen bis an das Lebensende ermöglicht, zeigt, dass das hergebrachte neoklassische Verständnis des sogenannten Produktionsfaktors Arbeit und seiner Entlohnung in eine Sackgasse führt.

Kann die Produktivität gesamtwirtschaftlich etwas über das Wachstum des Bruttoinlandsproduktes aussagen? Nein, nicht direkt. Produktivität ist ein Maß, das sich auf physische Einheiten bezieht. Das Bruttoinlandsprodukt wird in Einheiten ausgedrückt, die ein Produkt von Menge und Preis sind. Dieses Produkt wird Wert genannt. Das ist eine willkürliche Begrifflichkeit. So kann durchaus die Menge der Anlagen und Maschinen wachsen (der sogenannte Kapitalstock als technisch-physische Größe), ihr Wert jedoch, also in Geld ausgedrückt, aufgrund von Produkt- und Verfahrensinnovationen, sinken. Hier zeigt sich also besonders deutlich, dass eine Analyse der technisch-stofflichen als auch wertmäßigen Zusammensetzung des Bruttoinlandsproduktes für viele Fragestellungen unabdingbar ist.

Ist an der Globalisierung als internationaler Arbeitsteilung etwas Neues? Nein. Sie gibt es beispielsweise seit Menschengedenken und bedeutete und bedeutet zuweilen zivilisatorischen Fortschritt für alle Beteiligten. Heute sind die Wachstumsraten des Kapitals in anderen Regionen der Erde größer und tragen dort (noch) zur Verbesserung der Lebensverhältnisse bei. Grenzen der Globalisierung sind also schwer vorstellbar. Bedeutet die ausschließliche Wertfixierung (Profitmaximierung) der Globalisierung in ihrer kapitalistischen Form letztendlich die fortlaufende Beschränkung menschlicher und natürlicher Ressourcen?

Gibt es Managementfehler? Ja. Aber nur als singuläre Erklärung für den Sündenfall indisponierter Manager. Die Erörterungen im Kapitel Managementfehler zeigen, dass die Kategorie »Nieten in Nadelstreifen« ein im neoliberalen Denkmuster verhafteter Begriff bleibt. Die Ökonomie ist keine Wissenschaft, in der über die Klugheit oder Beschränktheit von Menschen debattiert und diskutiert wird. Die Ökonomie hat die Aufgabe, eine Antwort auf die Frage zu finden, ob die Profitorientierung ein geeignetes Instrument für die Koordination der gesamtwirtschaftlichen Produktion und Verteilung ist. Die empirischen Befunde sind eindeutig. Es ist nicht das geeignete Institut. Die Neoklassik vermag dieses Problem nicht einmal zu formulieren.

Diese Diskussion der wirtschaftspolitischen Kampfbegriffe und schließlich die Erörterungen über Wertklumpen und Private Equity zeigen, dass eine analytische Klarheit für wirtschaftspolitische Alternativen nur über eine Werttheorie erhältlich ist. Das erfordert eine langwierige wirtschaftswissenschaftliche Forschungsarbeit, um allgemeinverständlich und wirtschaftspolitisch nachvollziehbare Alternativen zu der sehr zielbewussten, da instinktiv interessengebundenen neoliberalen Wirtschaftspolitik aufzubauen.

Das analytische Problem besteht demnach darin, in der Marktwirtschaft, also im Kapitalismus, den ökonomischen Zwang hinter den menschlichen Aktionen zu erkennen und zu verdeutlichen. Gerade die Ausführungen im Kapitel »Managementfehler« zeigen, dass es nicht darum gehen kann, auf immer und ewig nach dem richtigen Verhalten der wirtschaftenden Menschen zu suchen. Die Aufgabe ist, ökonomisch zu analysieren, warum die Marktwirtschaft wachsen muss, genauer gesagt, warum das Kapital wachsen muss. Und wie dann dieser Zwang das Handeln der wirtschaftlichen Akteure treibt und begrenzt. Nur eine Werttheorie kann dann auch eine Antwort darauf geben, warum das Wachstum als Akkumulation von Kapital der Marktwirtschaft inhärent ist. Entsprechend den Verwertungsaussichten wandert das jeweilige Kapitalelement. Da ist nichts zu erfinden, das passiert täglich: »Der Konzern klebt nicht an seinen Geschäften. Immer wieder hat er sich von Bereichen des Kernunternehmens getrennt und sein Geld in neue, wachstumsträchtige Märkte gesteckt. [...] Haniel ist ein Meister des Portfoliowechsels, so sagt es die Branche. In den vergangenen 250 Jahren hat Haniel schon fast alles gemacht: Kohlenhandel, Bergbau, Stahl, Schifffahrt, Tiefbau, Maschinenbau oder Mineralölhandel. 1973 kaufte Haniel den angeschlagenen Pharmagroßhändler Gehe, den man zum europaweit führenden Pharmagroßhändler Celesio formte.«[124] Am Ende klingt das titanisch, als ob alles friktionslos verlaufen sei. Als Anschauungsmaterial für die Notwendigkeit, solche Wertklumpen analytisch zu erfassen, eignet es sich aber allemal.

Drastisch ist das Fehlen einer Werttheorie desgleichen bei der Erklärung des Zinses. Was ist der Zins? Er war und ist unter anderem Gegenstand erbitterter Kontroversen. Seine Erhebung und Zahlung sei die Ursache allen Übels, so die Jünger von Silvio Gesell mit ihrer natürlichen Wirtschaftsordnung. Der Zins wird abgeschafft, das

Geld soll bleiben. »Natürliche Wirtschaftsordnung«, über diese Begrifflichkeit freut sich übrigens ein Neoliberaler, ist doch die natürliche Wirtschaftsordnung für ihn natürlich nur als Marktwirtschaft, als Kapitalismus vorstellbar.

Die Scharia, das islamische Recht, enthält Regelungen zum Umgang mit Geld. Es verbietet den »Riba«, was so viel heißt wie »Wucher« oder »Zins«. Bemühen wir den Sachverstand der Deutschen Bundesbank, landläufig als Hüterin der Geldwertstabilität bezeichnet. Sie definiert den Zins »allgemein als Preis für die zeitweise Überlassung von Kapital. [...] Der Nehmer zahlt dem Geber einen Zins als Ausgleich für den Verzicht auf die gegenwärtige Verfügbarkeit des Kapitals (Konsumverzicht, Verzicht auf Liquidität).«[125] Richtig, in der Ökonomie, in der Neoklassik wird der Zins als Preis für den Konsumverzicht bezeichnet. Genaues erfährt man selten. Aber man sollte sich das genau vorstellen: wenn der Geldgeber sich für die Gewährung eines Kredits 20 Prozent Zinsen bezahlen lasst, dann verzichtet er eben auf zwei Glas Champagner und drei Löffel Hafergrütze. Eine andere Dimension von Konsumverzicht? Bitteschön: Jeder der Geldgeber verzichtet auf eine Luxusjacht und die Beschäftigung eines Küchenstewards auf dem Boot. Das wären doch schon gut 25 Prozent Zinsen auf den Konsumverzicht wert. Ist doch sehr einsichtig – oder?

Die Neoklassik kann Kapital, wie wir gesehen haben, als Wertgröße weder in der Form des Sachkapitals noch in der Form des Geldkapitals formulieren. Liquidität ist keine Kategorie, mit der die Neoklassik etwas anfangen kann. Nun könnte man einwenden, man könne auch physische Kapitalgüter verleihen. Aber in der Logik der Neoklassik gibt es keinen Unterschied zwischen einer Bockwurst und einer numerisch gesteuerten Werkzeugmaschine. Bleiben wir im Bild. Wir verleihen eine Bockwurst – sagen wir zu 20 Prozent. Geld können Sie als Wirtschaftssubjekt der neoklassischen Ökonomie nicht verleihen. Es hat ja keinen Nutzen. Bekommt man dann 1,2 Bockwürste zurück? Ist denn diese Bockwurst exakt derselben Qualität wie die verliehene? Wenn es die gleiche Bockwurst ist, ist sie nicht schon ein Stück Ekelfleisch? Diese Frage ist eine Zumutung? Nun, fragen Sie nicht den Autor. Fragen Sie die neoklassischen Lehrbücher. Die Erklärung, was Zins ist, bleibt dort nebelhaft und verschwommen. Drollige Erklärungen in den Lehrbüchern gibt es allemal: »Der Zins reflektiert den physischen Mehrwert.«[126] Sind dieser physische Mehrwert etwa die 20 Prozent Ekelfleisch?

Diese Inkompetenz ist erstaunlich angesichts der Tatsache, welche Rolle die Zinsen im Leben des Konsumenten und des Geschäftsverkehrs spielen. Die Zinsen werden gefordert, gezahlt, treiben zuweilen in den Ruin, und wegen ihnen wird gespart, aber was sie nun genau sind, das ist und bleibt in der neoklassischen Wirtschaftswissenschaft rätselhaft.

Zins als Belohnung für die Aufgabe von Liquidität, das ist ein Erklärungsversuch von John Maynard Keynes. Das heißt, Geld kann für einen Geldbesitzer als Wertaufbewahrungsmittel die gleiche Funktion aufweisen wie der Erwerb von Wertpapieren. Nur dann muss Geld erklärt werden. Das gelingt Keynes – nicht.

Auch die Theorie der Produktion ist in der Ökonomie erschreckend inadäquat und dilettantisch. Léon Walras hat keine Theorie der Produktion, sei es einzel-, sei es gesamtwirtschaftlich, entwickelt. Was er anbietet, ist eine schwammig formulierte Interpretation seiner Gleichgewichtsformeln als Verzichtstheorie. Eine explizite analytische Differenzierung zwischen Konsum- und Produktionsgütern findet erst gar nicht statt! Die Güter, die nicht konsumiert werden,

werden mit einer gegebenen Technologie transformiert in ein anderes Gut. Daher wird die Produktionstheorie auch als Transformationstheorie bezeichnet. Die Allgemeine Gleichgewichtstheorie wird gelobt, ein noch nie zuvor erreichter Fortschritt sei mit dieser Theorie erreicht worden. Die Interaktion der Märkte und der Wirtschaftssubjekte, der Agenten sei endlich nachvollziehbar. Wie bereits im zweiten Kapitel dargetan, nichts davon ist nachvollziehbar, geschweige denn zu gebrauchen. Nichts von alledem. Die Ökonomie ist und bleibt eine Ansammlung mathematischer Formeln, die gezwungenermaßen statisch veranschaulicht werden müssen. Nur bei ökonomisch unbekümmerter Interpretation kann dieses Formelkonglomerat als Naturaltauschtheorie charakterisiert werden, mehr aber auch nicht. Das Thema einer einzel- sowie gesamtwirtschaftlichen Produktionstheorie muss für die neoklassische Theorie ein Buch mit sieben Siegeln bleiben.

Perspektiven einer Werttheorie

Lassen wir der Erkenntnis gleich am Anfang freien Lauf: »Im zinstragenden Kapital ist [...] (der) automatische Fetisch rein herausgearbeitet, der sich selbst verwertende Wert, Geld heckendes Geld, und trägt es in dieser Form keine Narben seiner Entstehung mehr. Das gesellschaftliche Verhältnis ist vollendet als Verhältnis eines Dings, des Geldes, zu sich selbst. Statt der wirklichen Verwandlung von Geld in Kapital zeigt sich hier nur ihre inhaltlose Form. Wie bei der Arbeitskraft wird der Gebrauchswert des Geldes hier der Gebrauchswert, Wert zu schaffen, größren Wert, als der in ihm selbst enthalten ist. Das Geld als solches ist bereits potenziell sich verwertender Wert und wird als solcher verliehen, was die Form des Verkaufens für diese eigentümliche Ware ist. Es wird ganz so Eigenschaft des Geldes, Wert zu schaffen, Zins abzuwerfen, wie die eines Birnbaums, Birnen zu tragen. Und als solches zinstragendes Ding verkauft der Geldverleiher sein Geld. Damit nicht genug. Das wirklich fungierende Kapital, wie gesehn, stellt sich selbst so dar, dass es den Zins nicht als fungierendes Kapital, sondern als Kapital an sich, als Geldkapital abwirft.«[127]

Eine alte Erkenntnis, und Hedge Fonds und Private Equity Gesellschaften machen genau das. Es sind Kapitalsammelstellen, deren Manager Anlagemärkte, Instrumente und Strategien frei wählen können und Kapital anlegen dürfen. Deshalb bedeuten Hedge Fonds heute alles und nichts – es geht schlicht um Geldvermehrung.

Dieser sich selbst verwertende Wert ist jedoch der Wachstumszwang, an dem sich fast alle alternativen ökonomischen Ansätze die Zähne ausbeißen. Da werden die physischen Grenzen der Erde für die kapitalistische Produktion postuliert, dort werden die Grenzen der Globalisierung konstatiert, hier wird über konsumistische Prasserei moralisiert, dort werden ökologische Wolkenkuckucksheime konstruiert, wieder hier werden fantastische Gegenentwürfe in die Welt katapultiert, dort wiederum über die mangelnde ethische Dimensionierung des Homo oeconomicus lamentiert, gemeinhin der handelnde Mensch der Dummheit bezichtigt: es bleiben Feststellungen, die dramatisch am eigentlichen Problem einer hinreichend ökonomischen Formulierung von Alternativen vorbeigehen. Die bedenkenlose Profitgier mit einer Wirtschaftsethik domestizieren zu wollen, dieses Unterfangen zementiert das tradierte Dilemma zwischen wirtschaftlichem Interesse und moralischer Verantwortung. Die Struktur der Marxschen Werttheorie weist dagegen einen Weg zu einer »integrativen Wirtschaftsethik«[128].

Vergegenwärtigen wir uns ansatzweise die Analyse von Marx. Auf der einen Seite das in unterschiedlichen Qualifikationen vorhandene gesamtgesellschaftliche Arbeitsvermögen, gemessen in Arbeitszeit, auf der anderen Seite das gesellschaftliche Bedürfnis, in einer bestimmten Quantität und Qualität, die Qualität hier verstanden als Unterscheidung zwischen Konsum und Investition/Produktion. Marx schreibt: »Aller Mystizismus der Warenwelt, all der Zauber und Spuk, welcher Arbeitsprodukte auf Grundlage der Warenproduktion umnebelt, verschwindet daher sofort, sobald wir zu andren Produktionsformen flüchten. Da die politische Ökonomie Robinsonaden liebt, erscheine zuerst Robinson auf seiner Insel. Bescheiden, wie er von Haus aus ist, hat er doch verschiedenartige Bedürfnisse zu befriedigen und muss daher nützliche Arbeiten verschiedner Art verrichten, Werkzeuge machen, Möbel fabrizieren, Lama zähmen, fischen, jagen usw. Vom Beten u. dgl. sprechen wir hier nicht, da unser Robinson daran sein Vergnügen findet und derartige Tätigkeit als Erholung betrachtet. Trotz der Verschiedenheit seiner produktiven Funktionen weiß er, dass sie nur verschiedne Betätigungsformen desselben Robinson, also nur verschiedne Weisen menschlicher Arbeit sind. Die Not selbst zwingt ihn, seine Zeit genau zwischen seinen verschiednen Funktionen zu verteilen. Ob die eine mehr, die andre weniger Raum in seiner Gesamttätigkeit einnimmt, hängt ab von der größeren oder geringeren Schwierigkeit, die zur Erzielung des bezweckten Nutzeffekts zu überwinden ist. Die Erfahrung lehrt ihn das, und unser Robinson, der Uhr, Hauptbuch, Tinte und Feder aus dem Schiffbruch gerettet, beginnt als guter Engländer bald Buch über sich selbst zu führen. Sein Inventarium enthält ein Verzeichnis der Gebrauchsgegenstände, die er besitzt, der verschiednen Verrichtungen, die zu ihrer Produktion erheischt sind, endlich der Arbeitszeit, die ihm bestimmte Quanta dieser verschiednen Produkte im Durchschnitt kosten. Alle Beziehungen zwischen Robinson und den Dingen, die seinen selbstgeschaffnen Reichtum bilden, sind hier so einfach und durchsichtig. Und dennoch sind darin alle wesentlichen Bestimmungen des Werts enthalten. [...]

Stellen wir uns endlich, zur Abwechslung, einen Verein freier Menschen vor, die mit gemeinschaftlichen Produktionsmitteln arbeiten und ihre Arbeitskraft verausgaben. Alle Bestimmungen von Robinsons Arbeit wiederholen sich hier, nur gesellschaftlich statt individuell. Alle Produkte Robinsons waren sein ausschließlich persönliches Produkt und daher unmittelbar Gebrauchsgegenstände für ihn. Das Gesamtprodukt des Vereins ist ein gesellschaftliches Produkt. Ein Teil dieses Produkts dient wieder als Produktionsmittel. Er bleibt gesellschaftlich. Aber ein andrer Teil wird als Lebensmittel von den Vereinsgliedern verzehrt. Er muss daher unter sie verteilt werden. Die Art dieser Verteilung wird wechseln mit der besondren Art des gesellschaftlichen Produktionsorganismus selbst und der entsprechenden geschichtlichen Entwicklungshöhe der Produzenten. Nur zur Parallele mit der Warenproduktion setzten wir voraus, der Anteil jedes Produzenten an den Lebensmitteln sei bestimmt durch seine Arbeitszeit. Die Arbeitszeit würde also eine doppelte Rolle spielen. Ihre gesellschaftlich planmäßige Verteilung regelt die richtige Proportion der verschiednen Arbeitsfunktionen zu den verschiednen Bedürfnissen. Andrerseits dient die Arbeitszeit zugleich als Maß des individuellen Anteils des Produzenten an der Gemeinarbeit und daher auch an dem individuell verzehrbaren Teil des Gemeinprodukts. Die gesellschaftlichen Beziehungen der Menschen zu ihren Arbeiten und ihren Arbeitsprodukten bleiben hier durchsichtig einfach in der Produktion sowohl als in der Distribution.«[129]

Das ist eine klare und einleuchtende Formulierung des Problems. Aber es ist natürlich noch lange nicht die analytische Lösung für heute anstehende Probleme. Hier wird man nicht einfach konfrontiert mit der Formulierung, die als Einleitung in nahezu jedem wirtschaftswissenschaftlichen Lehrbuch zu finden ist: Ökonomische Ressourcen sind knapp und Menschen haben unbegrenzte Bedürfnisse.

Es gibt Hunger trotz Reichtum, es gibt Armut trotz Überfluss. Hunger und Armut sind keine Schweinerei, die illegalen Machenschaften und menschlichen Unzulänglichkeiten anzulasten sind. Sie sind nachweisbar real und legal im Namen des Wachstumszwanges. Hunger und Reichtum gehören eng zusammen. Dass sie einander bedingen, diese Tatsache ist der kapitalistischen Produktionsweise zuzuschreiben, welche die Produktion von Werten zur conditio sine qua non hat. Die Optimierung des Shareholder-Value als ein verwerfliches Fehlverhalten von Menschen zu brandmarken, ist eindeutig eine Sackgasse für die Entwicklung von Alternativen. Die unsichtbare Hand des Werts, der Verwertungszwang, nötigt zu Handlungen, deren Nichtbefolgen mit dem Untergang des betreffenden Werts, mag er in Form eines Unternehmens oder einer Kapitalanlage sein, sanktioniert wird. Das ist schwer begreiflich. Und es ist der Schlüssel zum Verständnis der Funktionsweise der Wirtschaft im Kapitalismus. Wenn ein Großunternehmen Rekordgewinne einfährt und dennoch im großen Umfang Arbeitsplätze abbaut, dann ist das im Kapitalismus durchaus adäquat. Moralische Kategorien und Appelle helfen hier nicht weiter. »Standorte und Beschäftigte dürfen nicht zum Spielball der Profitinteressen der Anteilseigner werden. Unternehmen müssen ihrer Verantwortung gegenüber der Gesellschaft gerecht werden.«[130] Das ist aufrichtig gemeint. Es verkennt jedoch die bereits genannten kapitalistischen Handlungsimperative.

Das missverstehen auch Kritiker der herrschenden neoklassischen Orthodoxie. Für sie ist der heutige Zustand der Wirtschaftswissenschaften lediglich ein Problem der massenhaft redundanten Verwendung von Mathematik. Der Homo oeconomicus, seine mathematische Zeugung, das dominierende Skelett der neoklassischen Theorie, bleibt dagegen unangetastet.

Das analytische Kernproblem für die Entwicklung wirtschaftspolitischer Alternativen zum Wachstumszwang des Kapitals ist also in einem ersten Schritt die Antwort auf die Frage, was dieses Geld- und Kapitalwachstum eigentlich erzwingt. Was nötigt Unternehmen dazu, dass sie aus Geld mehr Geld hervorbringen müssen? Was forciert ein Unternehmen zur Profitmaximierung? Weshalb erscheint es so, als ob der Kapitalismus mehr und mehr oder auch nur zuweilen aus den Fugen gerät? Warum erscheint er uns so unvermittelt so unanständig? Wieso erscheint nur der »Turbokapitalismus« so fies?

Es ist der Wert als ökonomische Kategorie, der als Schlüssel für das Verständnis des Funktionierens dieser kapitalgetriebenen Wirtschaft dient. Der Wert ist existent wie ein Atom, nur gleichermaßen nicht sicht- und greifbar. Das klingt zunächst mystisch, ist aber gerade deswegen die logische Herausforderung. Also die Chance für die Wirtschaftswissenschaften, die skurrilen Trampelpfade der (geldlosen) Ökonomie zu verlassen und die analytische Integration von sogenannter Real- und Finanzökonomie zu realisieren. Präzise und praktische Hinweise liefert dazu Marx. Die Ebene von Entgegnungen wie Marx habe falsch prognostiziert, er habe eine weitere Eschatologie geliefert und er habe vieles nicht vorhersehen können, diese Ebene ist analytisch nicht brauchbar. Sie ist notwendigerweise ein Ergebnis der mangelhaften Rezeption Marxscher Überlegungen. Im Gegenteil ermöglicht sein Instrumentarium die nüchterne Erkenntnis auch gegenwärtiger Probleme. Damit könnten für nachvollziehbare Alternativen kurze und bündige Antworten entwickelt werden. Retournieren wir also freundlich, aber nachdrücklich den Ball mit der Aufschrift »There is no alternative (TINA)«[131] und machen uns an die analytische Arbeit.

Dazu liegen bereits eine Unzahl von Untersuchungen, Büchern, Analysen und Projekten aus den letzten Jahrzehnten vor. Die Neoklassik war bis Ende der 1970er-Jahre Gegenstand erbitterter akademischer Kontroversen. Seitdem ist es etwas ruhiger geworden. Das Interesse an Marx jedoch ist wieder spürbar im Aufwind. Da ergeht es John Maynard Keynes schon wesentlich schlechter. An deutschsprachigen Universitäten werden die keynesianische Ökonomie und die Ökonomie von Keynes nur sehr stiefmütterlich behandelt. Hier und da gibt es eine Diaspora, wie die in Berlin beheimatete Keynes-Gesellschaft, welche der Mainstream-Ökonomie die Stirne bietet. Was jedoch unabdingbar trotz der vorhandenen kritischen Auseinandersetzungen mit der neoklassischen Ökonomie not tut, ist mehr Beharrlichkeit, um diese von ihrer dominanten Position zu stoßen. Das ist aber ohne eine immanente Zertrümmerung dessen, was sie abliefert, nicht zu schaffen. Der bereits zitierte Aufschrei der Pariser Elitestudenten aus dem Jahre 2000 ist inzwischen wieder verklungen. Man nähert sich dieser Nicht-Wissenschaft wieder moralisch. So wird man mit ihr nicht fertig.

Anmerkungen

1. NZZ vom 15./16.3.2003.
2. Ebenda.
3. FAZ vom 25.7.2003.
4. FAZ vom 13.6.1995.
5. Aus der Begründung des Nobelpreis-Komitees.
6. *Handelsblatt* vom 26./27.7.1974.
7. Helmut Schmidt, »Ansprache zum Jahreswechsel 1976/77«, in: *Bulletin der Deutschen Bundesregierung,* Nr. 1, 4.1.1977, S. 1.
8. FAZ vom 25.9.1975.
9. FAZ vom 30.10.1982.
10. FAZ vom 27.10.1982.
11. *Der Tagesspiegel* vom 6.5.2003.
12. Klaus F. Zimmermann (Hrsg.), *Neue Entwicklungen in der Wirtschaftswissenschaft,* Heidelberg 2002, S. 530.
13. www.paecon.de/selbstdarstellung/selbstdarstellung.html.
14. Heinz Putzhammer, »Gewerkschaften und wirtschaftswissenschaftliche Politikberatung«, in: *Zur Rolle und Verantwortung der Wirtschaftswissenschaft in der Politikberatung. Informationen zur Wirtschafts- und Strukturpolitik,* Nr. 2/2004, 15.6.2004, S. 17.
15. Hanno Beck, »Niemand hört Ökonomen zu«, in: Wolf Schäfer, *Institutionelle Grundlagen effizienter Wirtschaftspolitik,* Band 57, Stuttgart 2006, S. 397.
16. *Handelsblatt* vom 18.9.2006.
17. nach Herbert Sperber, *Wirtschaft. verstehen – nutzen – ändern,* Stuttgart 2002.
18. Hier eine Auswahl: Dieter Kirschke, Kurt Jechlitschka, *Angewandte Mikroökonomie und Wirtschaftspolitik mit Excel,* München 2002. Hal R. Varian, *Grundzüge der Mikroökonomik,* München-Wien 2004 (5. Auflage). Ulrich Fehl, Peter Oberender, *Grundlagen der Mikroökonomie,* München 2004 (9. Auflage). Peter Weise, Wolfgang Brandes, Thomas Eger, Manfred Kraft, *Neue*

Mikroökonomie, Heidelberg 2005 (5. Auflage). Für einen Fachlaien ist es nun interessant, im Sachregister beispielsweise nach Begriffen wie »Geld«, »Preis« oder »Preisbildung« zu suchen. Man findet nichts Definitives.

19. Siehe auch Fritz Helmedag, »Ohne Werte und kreislaufschwach. Zum Status der Allgemeinen Gleichgewichtstheorie«, in: Helmedag, F./Reuter, N. (Hrsg.), *Der Wohlstand der Personen, Festschrift zum 60. Geburtstag von Karl Georg Zinn,* Marburg 1999, S. 45.
20. FAZ vom 29.10.1983.
21. *Wirtschaftswoche* vom 7.2.1992.
22. *Wirtschaftswoche* vom 24.9.1998.
23. FAZ vom 17.4.1990.
24. Gesamtmetall, Strategiepapier 1999.
25. John M. Keynes, *Allgemeine Theorie der Beschäftigung, des Zinses und des Geldes,* Berlin 2002, S. 6.
26. Rede von Prof. Dr. Dr. h.c. Hans Tietmeyer, Präsident der Deutschen Bundesbank, anlässlich der Entgegennahme des Förderpreises »Soziale Marktwirtschaft«, in: Deutsche Bundesbank. *Auszüge aus Presseartikeln,* Nr. 17, 15.3.1999.
27. FAZ vom 17.8.1998.
28. www.heise.de/newsticker, 18.5.2003.
29. NZZ vom 19.9.2003.
30. Ernst Helmstädter, *Eigentum und Kapitalwirtschaft in der Ordnungspolitik,* Göttingen 1986, S. 239.
31. www.chancenfueralle.de.
32. Michael Heine, Hansjörg Herr, *Das Eurosystem: Eine paradigmenorientierte Darstellung und kritische Würdigung der europäischen Geldpolitik,* Auftragsstudie der GUE/NGL-Fraktion des Europäischen Parlaments, Manuskripte 13, Februar 2001.
33. *Der Tagesspiegel* vom 2.12.2001.
34. *Börsenzeitung,* 6.10.1999.
35. Ebenda.
36. Ludwig von Mises, *Theorie des Geldes und der Umlaufsmittel,* München-Leipzig 1912, S. 43.
37. »Die merkwürdige Aversion gegen das Geld. Geldtheorie im Spannungsfeld von Ideologie und Analyse«, in NZZ vom 13.6.1995.
38. Fjodor M. Dostojewski, *Aufzeichnungen aus einem Totenhaus und drei Erzählungen,* München-Zürich 1997, S. 47.
39. *Der Tagesspiegel* vom 23.2.2003.
40. Christian Jürgens, in: *Frankfurter Hefte,* 4/1997, zitiert nach FAZ vom 3.5.1997.

41. Klaus F. Zimmermann (Hrsg.), *Neue Entwicklungen in der Wirtschaftswissenschaft,* Heidelberg 2002, S. 3.

42. Kaspar Hauser (Kurt Tucholsky), »Kurzer Abriss der Nationalökonomie«, in: *Die Weltbühne,* 15.9.1931, S. 39.

43. Werner Rügemer, »Privatisierungszauber«, in: *Blätter für deutsche und internationale Politik,* Nr. 6/2003, S. 667.

44. Ohne Verfasser, *Gemeinschaftsausgabe,* Berlin 1933, S. 16.

45. *Die Zeit,* Nr. 50/1992.

46. Zitiert nach Werner Hofmann, *Sozialökonomische Studientexte,* Berlin 1966, S. 49.

47. Alfred Marshall, zitiert nach John M. Keynes, *Allgemeine Theorie der Beschäftigung, des Zinses und des Geldes,* Berlin 1936, S. 16.

48. »Ertragslage und Finanzierungsverhältnisse westdeutscher Unternehmen im Jahr 1999«, in: *Monatsberichte der Deutschen Bundesbank,* März 2001, S. 29.

49. Hans Tietmeyer, »Globale Finanzmärkte und Währungspolitik«, zitiert nach Deutsche Bundesbank. *Auszüge aus Presseartikeln,* Nr. 65, 25.9.1995, S. 1.

50. Mitteilung an den Verfasser, Deutsche Bundesbank, Hauptabteilung Volkswirtschaft, Abteilung Geld, Kredit und Kapitalmarkt, 12.7.2001. Dazu ausführlicher siehe Kapitel 6.

51. John M. Keynes, *Allgemeine Theorie der Beschäftigung, des Zinses und des Geldes,* Berlin 1936, S. 134.

52. Karl Marx, *Das Kapital,* Band II, in: MEW 24, S. 109.

53. Claus-Dieter Krohn, *Wirtschaftstheorien als politische Interessen. Die akademische Nationalökonomie in Deutschland 1918–1933,* Frankfurt 1981, S. 167.

54. *The Economist,* 11.8. 2001, S. 12.

55. *Die Zeit,* Nr. 52/2000.

56. Zitiert nach Claus-Dieter Krohn, *Wirtschaftstheorien als politische Interessen. Die akademische Nationalökonomie in Deutschland 1918–1933,* Frankfurt 1983, S. 40.

57. John M. Keynes, *Allgemeine Theorie der Beschäftigung, des Zinses und des Geldes,* Berlin 1936, S. 321.

58. Zitiert nach Claus-Dieter Krohn, *Wirtschaftstheorien als politische Interessen. Die akademische Nationalökonomie in Deutschland 1918–1933,* Frankfurt 1981, S. 168.

59. Siehe dazu José Piñera, »A Chilean Model for Russia«, in: *Foreign Affairs,* September/Oktober 2000, S. 62–73, u.a. »Follow the leader: Augusto Pinochet and Vladimir Putin«, S. 67.

60. Wir folgen im Wesentlichen der Darstellung von Robert E. Cole, *Die Chicago School und das wirtschaftliche Konzept der Junta,* Köln 1978, die eine gülti-

ge und nachvollziehbare Schilderung liefert.

61. »Der Putsch in Chile«, *Norddeutscher Rundfunk* (NDR), 11.9.1998.
62. NZZ vom 2.7.1999.
63. *Die Welt* vom 29./30.9.1973.
64. Folgender Text ist im Wesentlichen identisch mit einem Beitrag in: *die arbeit. das monatsmagazin des glb*, Nr. 7/8, 2002.
65. *die arbeit. das monatsmagazin des glb*, Nr. 7/8, 2002.
66. Weltbank, *Averting the Old Age Crisis. Policies to Protect the Old and Promote Growth*, Oxford 1994.
67. Katharina Müller, Susan Zimmermann, »Die neue Rentenorthodoxie in Lateinamerika und Osteuropa«, in: *Entwicklungsmuster*, Frankfurt-Wien 2001, S. 201.
68. Hans Christian Andersen, *Des Kaisers neue Kleider*, entstanden 1837.
69. FAZ vom 2.5.2006.
70. FAZ vom 6.5.2006.
71. *Deutschlandfunk*, 4.12.2005.
72. Zu diesem analytischen Unfug siehe Kapitel 2, (Arbeits-)Produktivität.
73. *Focus Money* vom 8.7.2004, S. 66–67.
74. Karl Marx, *Lohn, Preis und Profit*, 4. Auflage, Berlin 1951, S. 34.
75. www.die-gesundheitsreform.de/glossar/lohnnebenkosten.html.
76. ver.di Bundesvorstand Berlin, Bereich Wirtschaftspolitik, *Wirtschaftspolitische Informationen*, Nr. 1/2005, Februar 2005, www.wipo.verdi.de.
77. »Grundlinien der Wirtschaftsentwicklung 2005/2006«, in: *DIW Wochenbericht*, Nr. 1–2/2005.
78. Die Darstellung folgt im Wesentlichen: www.boeckler.de/cps/rde/xchg/SID-3D0AB75D-D14A9225/hbs/hs.xsl/320_15807.html.
79. Ebenda.
80. BFH-Urteil vom 19.8.2004 (VI R 33/97) BStBl. 2004 II S. 1076.
81. Karl Marx, *Das Kapital*, Band I, in: MEW 23, S. 542.
82. NZZ vom 7.1.2005.
83. http://europa.eu.int/scadplus/leg/de/lvb/n26027.htm.
84. www.vbm.de/agv/index.php?StoryID=1243.
85. Ebenda.
86. Mitteilung von Herrn Bernd Görzig, DIW.
87. *Welt am Sonntag* vom 14.11.2004.
88. *Börsenzeitung* vom 3.7.2004.
89. *Berliner Zeitung* vom 13.11.2004.
90. Karl Marx, *Das Kapital*, Band III, in: MEW 25, S. 233.

91. Volker Kauder (Fraktionsvorsitzender der CDU im Deutschen Bundestag), im *Deutschlandfunk*, www.dradio.de/dlf/sendungen/idw_dlf/463506.
92. www.mehr-freiheit.de/faq/gewerk.html
93. Karl Marx, Friedrich Engels, *Manifest der Kommunistischen Partei*, in MEW 4, S. 466.
94. Johann Wolfgang von Goethe, *Faust. Eine Tragödie. Der Tragödie Erster Teil*, Frankfurt 1994, S. 51–52.
95. FAZ vom 10.8.2007.
96. Beispielsweise Josef Steindl, *Maturity and Stagnation in American Capitalism*, New York 1952.
97. www.destatis.de/download/d/aussh/rangfolge.pdf.
98. Elmar Altvater, Birgit Mahnkopf, *Grenzen der Globalisierung. Ökonomie, Ökologie und Politik in der Weltgesellschaft*, Münster 1999, S. 162f.
99. Ebenda, S. 163.
100. Ebenda, S. 164.
101. Friedrich Engels, *Die Entwicklung des Sozialismus von der Utopie zur Wissenschaft*, MEW 19, S. 191.
102. Elmar Altvater, Birgit Mahnkopf, *Grenzen der Globalisierung. Ökonomie, Ökologie und Politik in der Weltgesellschaft*, Münster 1999, S. 165.
103. Ebenda, S. 165.
104. FAZ vom 8.2.2005.
105. Siehe dazu beispielsweise Michael Dobbs, »Ford and GM Scrutinized for Alleged Nazi Collaboration«, in: *Washington Post* vom 30.11.1998.
106. *Handelsblatt* vom 15.10.2004.
107. Gegenanträge zur 8. ordentlichen Hauptversammlung der DaimlerChrysler AG am 12.4.2006.
108. Ebenda.
109. www.pcfreunde.de/news/detail-96/ig-metall-managementfehler-schuld-stellenabbau-siemens.html.
110. Hans Walden, *Wie geschmiert – Rüstungsproduktion und Waffenhandel im Raum Hamburg*, Hamburg 1998, S. 65.
111. FAZ vom 12.12.2005.
112. Zitiert nach Joseph Borkin, *Die unheilige Allianz der IG Farben, Eine Interessengemeinschaft im Dritten Reich*, Frankfurt 1986, S. 89.
113. Ebenda S. 89.
114. Wendell Berge, *Cartels: Challenge to a Free World*, Washington 1944.
115. www.stock-world.de/detail/news_news.m?news_id=1035935&a=780100
116. Die Darstellung folgt teilweise: »Überblick über die Mannesmann-Geschichte«, www.mannesmann-archiv.de/deutsch/download/konzern.rtf.

117. www.bwclub.de/lexikon/h/hedgefonds.htm

118. John M. Keynes, *Allgemeine Theorie der Beschäftigung, des Zinses und des Geldes,* Berlin 1936, S. 134. Dazu im Detail das Kapitel 3.

119. Axel Weber, »Geldpolitik und Globalisierung« am 2. Platow-Investorenforum unter dem Titel »Portfoliooptimierung in volatilen Zeiten«, Frankfurt, 9.5.2007

120. Europäische Zentralbank, *Financial statistics for a global economy – Third European Central Bank conference on statistics,* Frankfurt 2007.

121. *Die Zeit,* Nr. 45/2004 (Nr.45)

122. Karl Marx, *Das Kapital,* Band III, in: MEW 25, S. 452ff.

123. *die tageszeitung* vom 31.10.2005.

124. *Handelsblatt* vom 15.05.2006.

125. www.bundesbank.de/bildung/bildung_glossar_z.php.

126. Peter Weise, Wolfgang Brandes, Thomas Eger, Manfred Kraft, *Neue Mikroökonomie,* Heidelberg 2005, S. 359.

127. Karl Marx, *Das Kapital,* Band III, in: MEW 25, S. 404.

128. Johannes Rohbeck, *Marx,* Reclam Verlag, Leipzig 2006, S. 77.

129. Karl Marx, *Das Kapital,* Band I, in: MEW 23, S. 49–98.

130. *Metall,* Juli/August 2006.

131. Ein Diktum von Margaret Thatcher, britische Premierministerin 1979 bis 1990.